PLAN DIPLOMATIQUE,

TRACÉ SUR LA DEMANDE

DE S. M. L'EMPEREUR D'AUTRICHE,

POUR SOUSTRAIRE L'EUROPE

A LA PLUS TERRIBLE DES RÉVOLUTIONS QUI L'AIT JAMAIS MENACÉE;

DANS LEQUEL ON PROPOSE

UNE NOUVELLE HIÉRARCHIE ECCLESIASTIQUE,

PAR J. B. PAIFER,

Membre des Académies de Prague et de Vienne, *Théologien* des Ecoles d'Allemagne, Conseiller particulier de S. M. l'Empereur d'Autriche; dans le principe, le véritable auteur de l'*Indépendance de l'Allemagne et de la Restauration européenne.*

TRADUIT LIBREMENT DE L'ALLEMAND, AVEC UNE NOTICE SUR L'AUTEUR.

———————

PARIS.

FÉLIX LOCQUIN, IMPRIMEUR,
RUE NOTRE-DAME-DES-VICTOIRES, N° 16;
ET DELAUNAY, LIBRAIRE, AU PALAIS ROYAL.

1830.

PLAN DIPLOMATIQUE.

3616

Se trouve aussi :

Chez J. J. RISLER , Libraire, successeur de Servier , rue de
  l'Oratoire , n° 6 ;
Alexandre MESNIER , Libraire, place de la Bourse.
LEVAVASSEUR , Libraire, au Palais-Royal.

PLAN DIPLOMATIQUE,

TRACÉ SUR LA DEMANDE

DE S. M. L'EMPEREUR D'AUTRICHE,

POUR SOUSTRAIRE L'EUROPE

A LA PLUS TERRIBLE DES RÉVOLUTIONS QUI L'AIT JAMAIS MENACÉE;

DANS LEQUEL ON PROPOSE

UNE NOUVELLE HIÉRARCHIE ECCLÉSIASTIQUE,

PAR J. B. PAIFER,

Membre des Académies de Prague et de Vienne, *Théologien des Écoles d'Allemagne*, Conseiller particulier de S. M. l'Empereur d'Autriche; dans le principe, le véritable auteur de l'*Indépendance de l'Allemagne et de la Restauration européenne*.

TRADUIT LIBREMENT DE L'ALLEMAND, AVEC UNE NOTICE SUR L'AUTEUR.

PARIS.

FÉLIX LOCQUIN, IMPRIMEUR,

RUE NOTRE-DAME-DES-VICTOIRES, n° 16;

ET DELAUNAY, LIBRAIRE, AU PALAIS ROYAL.

1830.

A S. M. L'EMPEREUR FRANÇOIS,

ETC., ETC., ETC.

SIRE,

Votre Majesté a bien voulu accueillir avec bonté tous les écrits que j'ai eu l'honneur de lui soumettre l'année dernière ;

elle a bien voulu m'enoourager à continuer de dire mon avis,
quoique ma voix ait sonné quelquefois trop dure à certaines
oreilles; Votre Majesté a même jugé à propos, lors de ma dernière audience, de m'ordonner expressément de publier mes
idées sur la politique actuelle, de déclarer sans détour quelles
mesures me paraîtraient propres à rétablir l'union et la paix au
milieu des sociétés en fermentation, et de lui envoyer le travail que j'aurais fait à cet égard. Je me rends au bon plaisir
impérial, et j'ai l'honneur de mettre sous les yeux de Votre
Majesté le plan ci-joint, dont le précis lui a déjà été expédié
le 1ᵉʳ de ce mois, et que je prends en même temps la liberté
de lui dédier. J'espère que Votre Majesté voudra bien agréer
ce travail important avec l'intérêt qu'elle n'a cessé de me témoigner depuis plus de trente ans, chaque fois que j'ai eu
l'honneur de lui faire part de mes idées pour le bien général,
et qu'elle ordonnera même positivement que les résultats heureux qu'il ne peut manquer d'amener soient enfin atteints. Mon
Plan diplomatique, convenablement approfondi, et exécuté
avec prudence, ne rencontrera aucun obstacle sérieux, et cou-
ronnera au contraire tous les efforts passés. J'y signale la véritable cause des inquiétudes qui ne cessent de travailler les sociétés modernes; et cette cause une fois ôtée, l'Europe pourra
commencer enfin à goûter ce repos et ce bonheur qui faisaient
l'objet des vœux de toutes les âmes honnêtes depuis des siècles.
Peu de personnes, peut-être, entreverront du premier abord
que, dans le principe, les fausses idées religieuses ont été la
seule cause de tous les bouleversemens civils depuis des
siècles; mais avec un peu de réflexion chacun reconnaîtra que
tous ces malheurs doivent être attribués à ceux-là seuls qui,
dans des temps d'ignorance, s'étaient érigés exclusivement en
précepteurs du genre humain, et qui lui ont inoculé les premières fausses maximes sur la conduite de Dieu envers ses

créatures, et les premiers faux principes de justice distributive.

Et à qui pouvais-je mieux dédier le présent ouvrage qu'à Votre Majesté Impériale? Elle dont la sagesse a été la première cause du salut de l'Europe, quoique Elle ait été moins dédommagée de ses sacrifices que tous les autres souverains, puisqu'on ne Lui a pas même rendu *la couronne de l'empire d'Allemagne et de Rome*, par où toutefois la restauration eût dû commencer.

Sire, le présent travail eût été plus tôt expédié à Votre Majesté, s'il en était à Paris comme à Vienne, et si en France je ne me voyais entièrement abandonné. Toutes les pièces que j'ai eu l'honneur de mettre sous les yeux de Votre Majesté, je les ai apportées à Paris, dans l'espoir qu'en voyant les preuves matérielles de toutes mes assertions, et recevant l'assurance formelle que Votre Majesté a connaissance de tous mes travaux, la Cour prendrait enfin ma juste demande en considération. Mais en cela je me suis trompé. Comptant pour rien tant d'efforts couronnés de succès et tant de sacrifices faits en sa faveur, le Gouvernement français m'abandonne à la plus cruelle des destinées. Il en résulte que la déclaration faite au nom de S. A. I. l'archiduc Charles, est insuffisante sans une recommandation extraordinaire de Votre Majesté elle-même. Il faut que l'ambassadeur de France, à Vienne, soit chargé expressément de transmettre ces renseignemens. Et ce qui est vraiment déplorable, c'est qu'en attendant je suis forcé de conjurer Votre Majesté d'ordonner qu'il me soit envoyé de nouveaux secours de Vienne, cette demande souffrant d'autant moins de difficultés, que Votre Majesté, à l'inspection de toutes mes pièces à l'appui lors de ma dernière audience, a eu la bonté de me dire que j'aurais une pension.

Dans cet espoir, et plein de reconnaissance pour la munificence Impériale qui m'a soutenu de tant de manières pendant mon dernier séjour à Vienne, j'ai l'honneur de me dire comme à l'ordinaire,

SIRE,

DE VOTRE MAJESTÉ,

Le très-humble, très-obéissant et très-respectueux serviteur,

J. B. PAIFER,

Dans le principe, le véritable auteur de l'Indépendance de l'Allemagne et de celle des autres peuples de l'Europe, etc., etc.

Paris. ce 30 juin 1830.

Place Saint-Germain-l'Auxerrois,
Hôtel du Nord, n° 4.

NOTICE SUR L'AUTEUR.

—•••—

L'auteur de ce Plan est un ancien émigré des
environs de Thionville. Il quitta la France à l'âge de
vingt ans, ayant à peine commencé ses études ecclésiastiques. Deux circonstances l'avaient forcé à
s'expatrier : la nécessité de mettre sa vie en sûreté
contre la haine de quelques révolutionnaires dont
il blâmait hautement les excès, et le désir de continuer des études qui devaient le mettre un jour à
même de contribuer à ramener la tranquillité et le
bon ordre dans sa patrie. Il eut la bonne fortune
d'être recueilli à Prague par le prince de Salm
Salm, par les familles du prince de Lobkowitz, du
comte de Bucquoy, de Salzberg, et surtout par la
famille de Rosenthal, au sein de laquelle il fut
traité comme l'enfant de la maison. On lui donnait
tous les maîtres qu'il souhaitait; et comme il était
dévoré de l'ardeur de l'étude, il n'est guère de
branche des différentes connaissances humaines
qu'il ait négligée. Il ne voulut pas même rester
étranger aux arts mécaniques et aux métiers les

plus communs, afin de pouvoir résoudre avec plus de connaissance de cause les divers problêmes de la vie, et se rendre un jour plus généralement utile : car déjà, à cette époque, d'après le conseil de ses propres professeurs, qui avaient reconnu en lui une antipathie d'autant plus prononcée contre certains abus religieux, que ses convictions chrétiennes étaient plus profondes en elles-mêmes, il pensa à renoncer à la vocation ecclésiastique, dans l'espoir de pouvoir rendre à la religion de plus grands services en demeurant laïc et en se jetant dans la littérature et la diplomatie, qu'en se liant par des vœux et en s'engageant dans les ordres. Une autre circonstance contribua à le faire pencher vers ce parti. Peu d'années après la mort de ses augustes et infortunés parens, Madame la Dauphine de France vint à passer à Prague, et il eut l'occasion de l'apercevoir chez S. A. I. l'archiduchesse Marie-Anne. La vue d'une telle compatriote à la fleur de l'âge, intéressante par ses charmes autant que par ses infortunes, toucha profondément le cœur du jeune Français, qui, dès ce moment, jura de ne rien négliger pour contribuer à la ramener en France; et il se livra avec une nouvelle ardeur à l'étude de la diplomatie, de l'économie politique, et en général de toutes les sciences qui forment l'homme d'État. M. Paifer, car tel est son nom, fut d'autant plus touché de la présence de cette malheureuse Princesse, que dans le pays il était lui-même obligé de se faire passer pour Allemand, en tant que né de parens luxembourgeois, à cause de la défense faite alors à tous les étrangers de séjourner dans les États autrichiens. Aussi, dès que la chute de l'Autriche devint imminente, à l'approche des armées françaises, il se mit à tracer toutes sortes de plans capables de la sauver, et à les envoyer à Vienne. Il ne tarda pas à recevoir du Gouvernement impérial, avec l'invitation écrite de continuer à livrer ses plans, l'assurance encourageante que ses travaux y étaient agréés. Ayant en conséquence réalisé une somme considérable (une soixantaine de mille francs, si je ne me trompe), que lui avaient valu quelques ouvrages publiés dans l'intérêt des classes commerçantes et industrielles, il vint fixer sa résidence à Vienne, où il travailla pendant huit années consécutives sous les yeux mêmes, et avec l'appui de l'Empereur et de l'archiduc Charles, après avoir travaillé déjà pendant trois années à Prague. Mais il n'accepta jamais aucun emploi, afin de pouvoir parler plus librement sur toutes sortes de matières, et de n'être point obligé de révéler son origine française que tout le monde ignorait. A en juger par un court résumé de ses services, publié tout récemment, ses travaux doivent avoir eu une grande influence sur les affaires générales de cette époque, quoique son nom ne fût guère connu hors de l'enceinte de Vienne, où il ne fit jamais rien imprimer, se contentant de remettre tous ses plans immédiatement entre les mains de l'Empereur et de son frère. Si M. Paifer avait pu faire imprimer tous ses plans dès l'instant qu'il les livrait, la publicité lui en eût garanti la propriété; des étrangers n'eussent pas pu lui voler ses idées, pour se frayer le chemin aux postes éminens auxquels plusieurs sont effectivement parvenus; et il eût mieux fait ses affaires personnelles. Mais, d'une part, à Vienne, la presse n'est point libre; et de l'autre, presque tous ses plans étaient une critique amère de la conduite de certains ministres de ce temps-là, et n'eussent pu être publiés qu'à leur honte. Voici quelques articles de ce résumé, lequel est appuyé de douze recueils de pièces à l'appui que j'ai eus entre les mains.

1°. En 1798, pour tarir une des principales sources des révolutions, j'ai tracé, en faveur des classes indigentes, *le Plan des assurances mutuelles*, lequel est suivi aujourd'hui dans toute l'Europe. (Ce Plan fut en effet envoyé à l'Académie de Würtzbourg dès le milieu de l'année 1798, ce qui est très-remarquable.)

2°. En 1803, pour donner une meilleure direction aux idées faussées par la prétendue philosophie, j'ai envoyé à Paris *le Plan d'après lequel a été érigée l'Université de France.* (J'ai vu ce Plan ; c'est un gros in-4° de plus de 1100 pages, y compris différens autres aperçus d'une utilité générale. La *Gazette des cultes* a donné une idée du manuscrit de M. Paifer à cet égard, dans un de ses derniers numéros de juillet de cette année.)

3°. En 1805 et 1806, après les batailles d'Austerlitz, d'Iéna, d'Eylau et de Friedland, j'ai été invité par la haute sagesse de S. M. l'empereur d'Autriche et par l'archiduc Charles, à former *des Plans pour la réorganisation des finances*, sans lesquels l'Autriche succombait, et avec elle tombait la dernière barrière qui a arrêté le despotisme universel.

4°. En 1807, j'ai fait adopter *le seul Plan capable de sauver le commerce et l'industrie dans les États autrichiens, et de soutenir cette puissance jusqu'à la crise décisive qui s'opéra en faveur de l'auguste dynastie de France.*

5°. Encore dans la même année 1807, sur la demande expresse de S. A. I. l'archiduc Charles, j'ai tracé *les Plans militaires pour l'organisation de l'armée et de la Landwehr*, en Autriche, en Russie et en Prusse, etc. (J'ai vu le premier manuscrit original de ce Plan remarquable. M. Paifer déclare ailleurs qu'il a en main les preuves constatant que la plupart de ses Plans ont été envoyés et exécutés en Russie et en Prusse aussi-bien qu'en Autriche.)

6°. En 1810, 1812 et 1813, j'ai rendu toutes sortes de services à l'industrie et au commerce de France, relativement à des objets d'agrément aussi bien qu'à des objets de première nécessité pour l'économie domestique et rurale, etc. (M. Paifer veut sans doute parler ici de ses pianos perfectionnés, de ses moulins pour extraire de la farine des pommes de terre, de ses nouveaux moyens de blanchisserie, de son hache-paille, de ses fourneaux économiques, etc. Cet article est étranger à la matière qui nous occupe; mais il montre que toutes les idées de M. Paifer étaient constamment tournées vers des objets d'une utilité générale.)

7°. En 1814, j'ai fait imprimer et envoyer au congrès de Vienne deux cents exemplaires d'un ouvrage capable de ramener la paix et la tranquillité en Europe. Si malheureusement cet ouvrage n'eût point été soustrait aux yeux de l'empereur, on ne verrait point aujourd'hui l'Europe dans une fermentation plus redoutable que toutes celles dont elle ait jamais été travaillée, etc. (On trouve dans cet ouvrage, outre le système de l'effet des explosions de la poudre sur l'état de l'atmosphère et les pluies, l'idée de l'établissement de Napoléon avec Marie-Louise à Rome, afin de le retirer de sa position équivoque à l'île d'Elbe; on y trouve l'idée d'une *sainte alliance*, mais bien différente de celle que nous avons connue; l'idée d'une *nouvelle*

balance politique; celle d'une *nouvelle hiérarchie ecclésiastique*, etc. La traduction française
de cet ouvrage est en manuscrit entre les mains de
M. Paifer, et pourra paraître dans l'occasion.)

Malgré tant de travaux et de services rendus,
par une fatalité presque inconcevable, M. Paifer
n'a jamais reçu aucune espèce de récompense ni de
dédommagement convenables. Je ne m'arrêterai ici
qu'aux plans indiqués sous les Nos 3, 4 et 5, parcé
qu'ils eurent une influence plus directe sur la destinée personnelle de l'auteur. Ne sachant comment
faire de l'argent dans le moment d'un pressant
besoin, quand il s'agissait de relever le crédit de
l'Autriche totalement anéanti par les revers d'Austerlitz, les ministres de l'empereur avaient imaginé
*un emprunt forcé de soixante-quinze millions de
florins* (environ deux cent millions de francs).
M. Paifer, s'apercevant que cette mesure ne pro-
duirait que du *papier* quand il fallait de l'*argent*,
y opposa *le décret du repoinçonnement de l'or et
de l'argent*, qu'il n'eut pas de peine à faire triompher. Il y ajouta en même temps les *mesures d'économie* introduites dans les bureaux de l'État, telles
qu'elles subsistent encore aujourd'hui. Là-dessus,
voyant les finances se remonter avec tant de facilité,
un des ministres crut pouvoir se rendre encore plus
intéressant en faisant décréter le *timbre général
de tous les produits quelconques de l'industrie et*

des fabriques. Près d'un million de florins avaient déjà été sacrifiés pour l'exécution de cette nouvelle opération; mais dès le premier moment, M. Paifer en avait également reconnu le vice. Son effet direct et naturel n'était effectivement autre que d'anéantir en même temps le commerce et l'industrie, et de détruire sans retour l'affection exemplaire que les Autrichiens avaient portée jusqu'alors à leur Souverain. Il en était résulté en peu de semaines une effervescence si extraordinaire, qu'elle allait se changer en une révolte des plus funestes, quand M. Paifer réussit à calmer les esprits par *son Plan d'une contribution foncière extraordinaire*, étouffant ainsi le germe de la révolte, au péril de sa propre vie, qui courut de grands dangers. Dans cette occasion, il conseilla à l'empereur de se mettre en garde à la fois contre l'incapacité et la perfidie, et de ne plus se fier exclusivement qu'à ses propres frères, en les plaçant eux-mêmes à la tête des différentes administrations. L'empereur déféra à son avis; et en conséquence, l'archiduc Charles fut nommé généralissime de l'armée. Ce département attendait de grandes réformes; le prince les y introduisit, en s'aidant des plans de divers conseillers; mais il n'était point entièrement satisfait. Ayant, par conséquent, demandé un jour à M. Paifer ce qu'il en pensait, et celui-ci lui ayant répondu, avec sa franchise ordinaire, qu'il désapprouvait généralement les nouvelles mesures que l'on avait prises, le prince le pria de lui soumettre sans réserve toutes ses idées à cet égard, ce qui donna naissance à son *nouveau Plan militaire et de la Landwehr*, plan qui fut définitivement adopté et exécuté, les premiers conseillers ayant été forcés de retirer les leurs : de sorte que M. Paifer peut dire, avec la plus grande vérité, qu'il a sauvé deux fois l'Autriche, savoir, en 1806 et en 1809; car, à cette dernière, époque on revint une seconde fois sur son *Plan du Repoinçonnement*, aussi-bien que sur ses autres plans financiers. Et ce qu'il y eut de remarquable, c'est que jamais aucune des mesures proposées par lui n'a été accompagnée du moindre inconvénient. On les exécutait incessamment au milieu de l'approbation générale. Le décret du *Repoinçonnement* offrit surtout un spectacle attendrissant. Personne ne fut exempt de cette contribution, mais tout le monde fut content: la pauvre domestique payait pour ses pendans d'oreilles avec autant de plaisir que le bourgeois pour son argenterie, et les grands seigneurs eux-mêmes, à l'exception de quelques *lâches vendus à l'étranger*, selon l'expression de M. Paifer, s'exécutèrent avec bonne grâce en rachetant leur vaisselle d'or. Partout on entendait répéter ces paroles touchantes : Nous nous servirons de cuillers

d'étain en attendant un avenir plus heureux : Vive
notre auguste monarque! vive notre père!

A l'occasion du décret du *Timbre général*, les
commerçans de Vienne s'étaient réunis et avaient
offert à M. Paifer *trois millions de florins*, au cas
qu'il réussît à le faire révoquer; mais il eut la grandeur d'âme de n'en point accepter un denier, se
reposant entièrement sur la sagesse et la munificence de l'empereur pour la récompense due à ses
travaux. Par là, il acquiert incontestablement le droit
d'avancer qu'*il a sacrifié des millions* pour atteindre son grand but; et personne ne peut trouver
une pareille prétention déplacée dans sa bouche.
D'autres occasions encore de devenir millionnaire
s'étaient offertes à M. Paifer, s'il avait voulu aban-
donner son importante carrière. Déjà, à Prague, il
pouvait s'allier à une des familles les plus riches et
les plus respectables, au lieu de s'en aller travailler
à Vienne à ses propres frais. Une occasion semblable se présenta plus tard dans cette dernière
ville, où un riche particulier vint lui proposer la
main de sa fille unique, avec une fortune de plus
d'un million, par laquelle il voulait le mettre à même
d'exécuter un plan qu'il avait formé pour se créer
à lui-même une fortune indépendante. Ce plan con-
sistait dans l'érection d'une salle publique, sous le
nom de *Salle d'Apollon*, pour les jeux, les danses,

les concerts et les réunions des personnes du plus
haut rang, et pouvait rapporter des millions s'il était
bien exécuté. Ici, il est vrai, des circonstances
étrangères à la volonté de M. Paifer firent échouer
son projet. Aussitôt qu'il eut donné à l'empereur
une idée de son plan à cet égard, Sa Majesté
ordonna, par un billet de sa main, que l'État lui
avancerait une somme de quatre-vingts à cent mille
florins pour l'exécution. Mais les conseillers de la
couronne s'étant aperçus que cette entreprise était
trop belle pour un simple particulier, firent traî-
ner l'affaire en longueur; le plan fut enlevé à son
auteur, et exécuté au profit d'autrui. La *Salle
d'Apollon* fut érigée en un endroit trop écarté,
parce qu'on ignorait l'emplacement *sur la Vienne*
que l'auteur du projet avait eu en vue; toutefois
elle rapporta dès la première année la somme
énorme d'un million et demi de florins.

Cette injustice, jointe à une tentative d'empoi-
sonnement commise sur sa personne, à une santé
délabrée, et à la mort malheureuse de la jeune
personne qu'il avait dû épouser, fit prendre à
M. Paifer le parti de se retirer des affaires compli-
quées de la Cour de Vienne; d'autant plus qu'il
voyait depuis long-temps avec douleur, que, contre
son avis, et d'après les seules instigations de conseillers perfides gagnés par Napoléon, on se dis-
posait à faire servir la prospérité inattendue des

finances, fruits de ses efforts, à une nouvelle guerre
contre la France, dont l'issue ne pouvait qu'amener
la chute définitive de l'Autriche. Il renonce en conséquence à la fois à tous ses projets, en renonçant
au séjour même de Vienne. L'empereur cherche
en vain à le retenir, en lui proposant de revenir sur
une première décision; il lui répond qu'il ne faut
pas qu'un monarque révoque sa signature pour si
peu de chose, faisant allusion à la révocation du
décret du Timbre, récemment amenée par suite de
ses conseils; et renonçant en même temps au séjour
de la Russie, où on lui avait fait quelques proposi-
tions avantageuses, mais dont le climat était contraire à sa santé, il prend la poste pour Paris.

Ici commence une suite de revers égale au
succès qui jusqu'alors s'était attaché à toutes
les entreprises de M. Paifer. Il revient dans sa
patrie sans savoir un mot de français; M. de Fon-
tanes lui offre en vain une place dans l'enseignement, en considération de son plan sur l'érection
de l'Université. Ébloui par ses succès à Vienne, il
croit pouvoir faire la même chose à Paris, même en
ignorant la langue française, et sans se douter de
l'énorme différence de l'esprit des deux Cours. Dès
qu'il croit avoir reconnu une occasion favorable
dans la nouvelle guerre contre l'Autriche, il va
trouver Napoléon; il cherche à le détourner de
porter ce coup funeste; il lui propose de rendre la

couronne de France aux Bourbons, l'assurant que
tôt ou tard il serait forcé à cette démarche par une
coalition générale du Nord, résultat inévitable des
plans envoyés par lui à tous les cabinets : en un mot,
il l'engage à se retirer à Rome comme souverain de
l'Italie, pour agir de là sur la Grèce et la Turquie,
afin de porter la civilisation dans ces contrées
barbares et malheureuses, de détruire du même
coup la puissance papale, unique source de tous les
bouleversemens européens, et de donner à l'univers le plus bel exemple que jamais conquérant eût
donné. M. Paifer eut d'autant moins de peine à faire
rédiger toutes ces idées sous une forme convenable,
qu'il les avait déjà fait entrer dans son plan univer-
sitaire, confié en 1803 à M. de Champagny, alors
ambassadeur à Vienne. Mais Napoléon, aveuglé à
cette époque par un pouvoir qui faisait trembler
l'Europe, et enivré d'une gloire qui n'avait point
son parallèle dans l'histoire, au lieu d'accueillir un
conseiller aussi hardi avec la bonté que lui avait
toujours témoignée l'excellent monarque d'Autriche, ne le traite qu'avec mépris ; la démarche de
M. Paifer ne sert qu'à le faire passer pour un espion
autrichien ; dès ce moment, du moins, la police le
regarde pour tel ; et peu à peu il tombe dans la plus
profonde misère. Le retour même de nos princes
ne suffit pas à le relever de sa chute. Car, ici, une
disgrâce d'un autre genre, plus humiliante encore,

s'il est possible, et plus pénible, l'attendait. En voyant un *inconnu* se vanter d'avoir contribué plus que qui ce soit à la *restauration européenne*, et n'avoir que le nom de l'*empereur François, son illustre protecteur,* à la bouche, tout en manquant de pain, on n'eut pas de peine à prendre pour une véritable folie un état qui n'était que l'effet naturel de la position malheureuse d'un homme digne d'un meilleur sort, et dont le ressentiment et le dépit s'exhalaient incessamment en un baragouin moitié français, moitié allemand. Rien, sans doute, n'est plus facile que de rire en voyant un homme obscur s'arroger le titre de *principal auteur de la Restauration européenne :* mais quand on pense qu'*après les batailles d'Austerlitz, d'Iéna, d'Eylau et de Friedland, l'Autriche était aux abois, le trône de Prusse renversé, l'armée russe presque détruite, et le sort de tous les souverains de l'Europe décidé, et que M. Paifer a été cause que l'Autriche a pu se relever assez promptement pour placer, contre l'attente de Napoléon, une armée formidable en Bohême et menacer les derrières de son armée; quand on pense que, par là, celui-ci fut forcé de conclure la paix de Tilsitt pour ne retomber sur l'Autriche que plus tard, au lieu de s'avancer pendant l'été même de 1807 sur Moscou et Saint-Pétersbourg; quand on pense que de la sorte son entreprise fut rejetée jusqu'à l'hiver rigoureux de 1812, qui fit périr son armée, et que, moyennant les plans militaires et financiers de M. Paifer, les puissances coalisées, remises de toutes leurs défaites, ont pu le poursuivre dans sa retraite, avec des armées bien soldées et une Landwehr bien organisée, on* conçoit très-bien comment M. Paifer peut revendiquer une très-grande partie des succès obtenus au dénouement de la tragédie. Et il est.hors de doute que si l'on eût su tout cela, on se fût autrement conduit à son égard .qu'on a fait jusqu'à ce jour.

Quoi qu'il en soit, le public pourra juger maintenant par lui-même, en lisant l'ouvrage ci-joint, jusqu'où va ou ne va point la folie de M. Paifer. Pour ce qui me concerne, je demeure convaincu que l'on trouverait aujourd'hui, aux diverses Cours de l'Europe, encore plus d'une demi-douzaine de conseillers plus fous que lui.

L'idée principale du *Plan diplomatique* est celle de la *réunion de la tiare avec la couronne du plus âgé des monarques chrétiens du premier rang*. Or, cette idée me paraît à la fois ingénieuse et salutaire. Elle est peut-être la seule qui puisse mener enfin à la solution du grand problème que la diplomatie n'envisageait jusqu'ici qu'en tremblant. Cette grande mesure ramènerait enfin la paix et l'harmonie au milieu des Etats agités de l'Europe;

et bien loin de lui nuire, elle honorerait au contraire le christianisme, qu'elle entourerait d'un lustre nouveau; et par là même elle ne rencontrerait point d'obstacles sérieux dans son exécution. Qui peut nier, en effet, que la majorité des chrétiens du dix-neuvième siècle n'ait le droit de donner un chef de son choix à l'Église universelle, sans consulter une poignée de cardinaux, qui ne furent dans l'origine que les domestiques de l'évêque romain? Et qui peut nier que cette majorité ne forme les trois quarts de l'univers chrétien, de cet univers éclairé qui s'élève d'une voix unanime contre les pernicieux abus et les prétentions anti-évangéliques de Rome? On est assez revenu aujourd'hui, même en France, en Italie et en Espagne, de ces prétendus droits du siége de saint Pierre, de ce saint Pierre qui n'a peut-être jamais vu Rome, et dont, au dire d'une feuille d'Allemagne, on a découvert la tombe en Syrie, à la fin du siècle dernier. On sait parfaitement que l'Église était *Hiérosolymite* et *Antiochéenne*, etc., avant de devenir *Romaine*, et que ces noms de villes ne sont pour rien dans le christianisme. On est revenu également de cette prétendue infaillibilité de la ville éternelle, qui en définitif a si bien failli, que l'univers éclairé s'est détaché d'elle à mesure qu'il a fait quelques progrès dans les lumières. Il suffira donc que les hommes d'État et les chrétiens en général soient revenus un peu du premier étonnement que leur causera la proposition de M. Paifer, pour qu'on en reconnaisse aussitôt partout la justesse et l'urgence, et que l'on procède sans délai à son exécution.

La plupart des autres idées de ce plan ne sont que des idées secondaires, auxquelles il est inutile de nous arrêter. Je dois seulement avertir que les lecteurs seront surpris de voir qu'à la suite du plan le plus philosophique qui ait jamais été tracé, M. Paifer ait placé une espèce de *catéchisme* et jusqu'à des *prières journalières pour le chrétien.* Les lecteurs devront se rappeler que l'on ne se débarrassera jamais des ultramontains qu'en prenant leur place; qu'il est absurde de chercher des institutions religieuses en dehors du christianisme, et que c'est une bonne fortune de plus qu'un homme d'État soit en même temps un homme religieux. Pour le fond, par conséquent, il n'y a point de reproche à faire à M. Paifer : la critique ne tomberait que sur la forme et n'aurait aucune utilité. J'aime bien mieux féliciter M. Paifer d'être toujours demeuré bon chrétien, au milieu de ses succès et de ses revers, en dépit des incrédules et en dépit des fanatiques. Pour dire tout en un mot, le *Plan diplomatique* est en même temps un plan *chrétien;* et celui qui le propose, bien loin d'être un impie, eût plutôt mérité de porter la mitre que la plupart de ses anciens confrères du séminaire, arrivés aujourd'hui aux plus hautes dignités ecclésiastiques, sans avoir son zèle, ses lumières, sa franchise et son désintéressement.

Le Traducteur.

PLAN
DIPLOMATIQUE.

———————◆❍◆◆◆———————

§. Iᵉʳ.

Encouragé par la sagesse de S. M. l'empereur d'Autriche et de son illustre frère l'archiduc Charles, j'ai fait dans le temps des efforts heureux pour délivrer tous les États européens du despotisme étranger, et pour rétablir partout la paix et le bon ordre après des révolutions et des guerres de vingt-cinq années. Mes plans relatifs aux finances, à l'économie politique, et à l'organisation de l'armée et de la landwehr, ont été exécutés dans la plupart des États européens. En les réalisant la première, l'Autriche s'est relevée en peu d'années de sa profonde ruine de 1805, 1806 et 1809; et par là même, la Russie, aussi bien que la Prusse et l'Allemagne en général, se sont soustraites à une destruction inévitable.

On observera toutefois que mes efforts n'ont jamais eu pour but unique de former des guerriers.

Il fallait, il est vrai, commencer par délivrer l'Europe; mais ce but une fois obtenu, pourquoi imposer à jamais à tous les peuples le fardeau inutile de mille légions armées engloutissant incessamment la majeure partie des revenus des États sans jamais rien produire? Pourquoi les hommes se tiendraient-ils toujours prêts à s'entre-massacrer? Il faut que l'état militaire soit circonscrit aujourd'hui dans des bornes convenables. Les peuples encore barbares font seuls la guerre par état; les nations plus civilisées renoncent peu à peu à ces aberrations féroces de la nature humaine. La morale et la religion doivent même toujours rapprocher les sociétés de plus en plus de la perfection qui est leur but ; et la réflexion que font quelques hommes de sang, que sans les guerres la race humaine se multiplierait trop, est une réflexion atroce, dont l'absurdité sera démontrée ailleurs.

Pour ce qui est de mes Plans sur les *Assurances mutuelles pour le soulagement des basses classes*, et sur *l'Instruction publique pour l'amélioration morale de toutes les classes de la société*, ils ont été principalement exécutés en France. C'est dès l'an 1798 que j'ai fait part de ces différens plans à l'académie de Würzbourg. Depuis, je n'ai fait que les reproduire sous d'autres formes à Vienne, pour les faire passer aux principaux cabinets de l'Europe.

Ayant réussi par conséquent à exercer une si

heureuse influence sur la politique et sur le bien-
être général, j'ai acquis le droit d'être entendu, et
je ne dois plus craindre de soumettre aux souverains
éclairés, et uniquement désireux du bonheur des
peuples, le plus important de tous mes Plans, celui
vers lequel tous les autres n'étaient pour ainsi dire
qu'un acheminement. Et je fais cette dernière et
grande démarche avec d'autant plus d'assurance, que
tout récemment S. M. l'empereur d'Autriche, mon
auguste et noble protecteur, a bien voulu me demander expressément un travail étendu sur mon
idée principale, touchant la manière de rétablir le
calme et le bonheur en Europe, sujet que j'eus
l'honneur d'exposer en peu de mots en sa présence.
L'événement ayant toujours prouvé que quand on
m'a écouté on a obtenu de bons résultats, de même
que l'on en a obtenu de mauvais quand on a refusé
de m'entendre, j'ai lieu d'espérer que dans ce moment solennel, ce dernier de mes Plans sera pris
partout en une sérieuse considération.

§. II.

Déjà en 1814, aussitôt que mes premiers Plans
eurent produit leur effet, j'indiquai dans un ouvrage dont j'envoyai deux cents exemplaires à
Vienne, les moyens d'assurer au monde une paix
entière et durable; mais la méchanceté et l'impé-

ritie réussirent alors à soustraire cet ouvrage à
d'augustes regards et à l'anéantir; ce qui fut cause
que l'Europe arriva peu à peu à la position critique que je prévoyais dès long-temps pour elle.
Toutefois, la possibilité de la sauver des malheurs
qui la menacent n'a point encore entièrement dis-
paru : il en est temps encore; mais il faut que la
voix de la raison soit enfin écoutée, et que les monarques montrent à la fois et de l'union et de la
fermeté.

Tout observateur impartial voit aujourd'hui l'Europe dans une telle fermentation d'idées et d'opinions, que l'histoire d'aucune nation ni d'aucune
époque n'en offre de semblable. Si donc ces idées,
ces opinions, ou plutôt ces *prétentions* diverses,
en partie *justes* et *raisonnables*, ne viennent à
être réglées par les soins de souverains sages et
concilians, il en résultera plus tard des schismes
et des factions dont les excès effrayeront l'univers.
Certains diplomates croient avoir tout dit quand ils
ont assuré que tout le mal vient de la *manie des
révolutions*. Ils ne veulent pas savoir que *penser,
s'éclairer* et se *perfectionner* est devenu un véritable *besoin* pour les sociétés modernes. Le premier point, le point essentiel, dans cette grande
entreprise, est donc de connaitre la vraie source
du mal; je vais la déclarer en un seul mot, et
j'espère n'être contredit par aucun homme réfléchi:

La première source de toutes nos divisions, la première racine de tous nos maux se trouve dans les ABUS QUE L'ON A FAITS DE LA RELIGION, dont, quoiqu'on en dise, la politique est inséparable. C'est donc de ce côté-là que doivent se tourner et qu'auraient dû se tourner depuis long-temps toutes les méditations et tous les efforts des amis éclairés de l'humanité.

§. III.

La Religion est un besoin impérieux pour chaque individu comme pour les sociétés entières. Pour prospérer, elle demande de *l'accord* aussi-bien que de la *liberté ;* elle demande certains principes *restrictifs, coërcitifs,* mais que la *raison éclairée* doit *seule* approuver, et qui ne doivent jamais être imposés par la *force.* Nous ne parlerons ici que de la religion chrétienne que tout homme éclairé et impartial qui l'aura étudiée à fond, reconnaîtra pour être la seule véritable.

Dans le principe, la religion fut accordée par la Providence, avant tout, à l'homme humble et simple, par là même plus digne des soins particuliers du Père de l'univers, et en outre plus susceptible de recevoir ses salutaires impressions. C'est donc des basses classes que peu à peu la religion a dû se propager parmi les classes plus élevées de

la société. La religion a dû sortir des chaumières
pour monter sur les trônes. Ceci est en effet conforme à l'histoire. Deux mille ans de fluctuations
et de persécutions, pendant lesquels des millions
de victimes plus ou moins obscures succombaient
à un martyr violent ou volontaire, en font foi.
Aujourd'hui on commence généralement à sentir
la nécessité aussi-bien que l'utilité du christianisme
pour toutes les classes. La diplomatie, aussi-bien
que la philosophie, sont d'accord sur ce point.
Mais c'est précisément aussi en ce moment que
l'esprit religieux commence à se perdre de tous
côtés, déroutés que sont les peuples par l'existence
pernicieuse des séparations de fait, et par les
abus épouvantables qui se sont glissés partout dans
le culte et l'enseignement évangélique. Il est donc
devenu indispensable que les principes religieux
raisonnés descendent aujourd'hui des trônes eux-
mêmes, appuyés par l'exemple des grands et des
savans, et se répandent jusque dans les dernières
classes. Dans le principe, celles-ci agissaient plutôt
par sentiment; aujourd'hui elles devront agir également par conviction. Divers monarques ont déjà
fait quelques essais à cet égard; mais malheureusement ils n'ont employé que les moyens les moins
propres à obvier au mal, quelquefois des moyens
tout-à-fait contraires au but qu'ils se proposaient.
Ils ont généralement été trompés par la fausse

persuasion *qu'il était impossible qu'une Église nationale pût prospérer sans être en un rapport direct avec Rome.* Je dis par la *fausse* persuasion, parce que *c'est précisément le contraire qui est vrai :* aujourd'hui, c'est précisément l'*influence papale* et la *dépendance de Rome* qui sont la première cause du dépérissement de toutes les Églises chrétiennes de l'Europe, et qui exercent une influence si pernicieuse sur la politique générale.

On sait bien que dans les siècles passés Rome a rendu au christianisme des services qu'il serait injuste de méconnaître. Et si l'avarice et l'ambition de certains papes n'avaient point fait un tort irréparable à la bonne cause ; si leurs envoyés et leurs subordonnés n'étaient jamais sortis des bornes de la modestie évangélique ; s'ils n'avaient jamais prêché l'intolérance et la haine au lieu de la charité et de la paix, la vraie Religion se trouverait aujourd'hui étendue par tout le globe pour le bonheur temporel et spirituel de l'univers. Mais malheureusement l'histoire est là pour déposer contre Rome. Depuis des siècles on n'y a fait qu'abuser des choses saintes, en ne les faisant servir qu'aux grandeurs mondaines. Et même aujourd'hui, que cette *ville éternelle* ne peut plus se dissimuler ses torts, elle ne s'éloigne pas d'une ligne de ses prétentions anciennes, elle ne renonce pas au moindre de ses faux principes. Dans le fait, sa politique ne le lui permettrait pas, même avec la meilleure volonté d'un de ses papes. Il est des fautes irréparables, et dont il faut subir les conséquences jusqu'au bout. Rome *infaillible*, avouant *un seul de ses torts*, ne serait plus *Rome*. Ceci, du reste, bien loin d'être un mal, est une bonne fortune pour l'univers; car, si les papes italiens pouvaient adopter des demi-mesures, la vraie civilisation pourrait encore être retardée pendant des siècles. Ne pouvant plus se soutenir aujourd'hui dans son ancienne splendeur, vu qu'elle n'a plus assez de prépondérance pour se faire donner de l'argent par force, et que les peuples n'ont plus grande envie de lui en envoyer volontairement, Rome devient un fardeau aussi gênant qu'inutile pour tous les États chrétiens. Il ne lui reste plus d'autres moyens de soutenir ses prérogatives chez le petit nombre de nations qui ne se sont point encore soustraites à son autorité, que l'intrigue et les voies détournées, que le moyen honteux d'entretenir ces nations dans l'ignorance et les ténèbres : aussi tous ses efforts sont-ils tournés de ce côté. Ses serviteurs les plus dévoués déclament sans relâche contre le progrès des lumières, qu'ils arrêtent partout où ils peuvent. Elle a en même temps l'adresse de faire accroire à ses adhérens dans tous les pays, et généralement à tous les ecclésiastiques, que leur plus grand avantage et leur unique bonheur consistent à *être bien*

en cour de Rome ; ce qui pourtant est de la plus
évidente fausseté, puisqu'un souverain quelconque
peut accorder des dignités et des honneurs aux
ministres de la Religion tout aussi-bien qu'un pape;
et qu'il peut, en outre, les protéger contre les
réactions des partis qui les ont souvent mis à deux
doigts de leur perte, et les ont même complétement
renversés sur divers points. En un mot, Rome
remue en ce moment tous les États ; elle y fomente
des mésintelligences, tandis que personne n'a plus
à craindre d'une nouvelle commotion qu'elle-même,
quoique dans tous les cas elle entraînerait nécessairement plusieurs autres nations dans sa ruine.
Déjà plusieurs fois elle a été sur le bord de la
tombe, ainsi qu'on l'a encore vu dans la révolution
française, dont elle était la principale cause ; et
ce moment inévitable arrivera tôt ou tard : pourquoi donc n'irait-on pas avec ordre et prudence
au-devant du mal ? pourquoi la sagesse et la raison
n'exécuteraient-elles pas ce qu'amènera tôt ou tard,
et avec de plus ou moins grands désordres, la force
des choses elle-même ? Que l'on fasse quelques
changemens raisonnables dans la hiérarchie et la
discipline générale de l'Église, et les cabales de
Rome cessent, et tout rentre dans l'ordre, et le
christianisme recommence à prospérer dans le
monde, avec les États inquiétés et boulever-
sés depuis trop long-temps. Je le répète donc,

Rome a été utile à la cause du christianisme dans les premiers siècles de l'ère chrétienne; mais depuis elle lui a fait des torts incalculables. L'histoire fournit les preuves les plus irréfragables de cette accablante vérité, que, dans la réalité, Rome seule a été la cause de toutes les divisions et de toutes les guerres de religion des trois ou quatre derniers siècles ; et cela , non parce qu'elle était enflammée d'un saint zèle pour la vérité , comme elle a toujours cherché à le faire croire , mais tout simplement parce qu'elle voulait satisfaire à tout prix à son avarice et à son ambition. Tant que les diplomates s'occuperont exclusivement de guerres, de carnages, d'injustices et d'agrandissemens, ils jugeront les divisions religieuses une circonstance favorable à la politique ; mais quand ils seront une fois revenus de ces principes abominables, ils reconnaîtront que rien n'est plus pernicieux, et que les divisions religieuses préparent à la longue la ruine des États les mieux constitués.

§. IV.

Le clergé, rattaché de nouveau à la patrie, renoncera certainement à l'esprit de parti et d'intrigue qui le travaille et qui le rend toujours prêt à fomenter des révolutions dans l'État; tandis que s'il continue à ne reconnaître pour chef que l'évêque de Rome, qui, en opposition directe avec l'Évangile, se mêle principalement d'intérêts temporels et exige de lui une obéissance aveugle à tous ses ordres, il est impossible qu'il ne renouvelle pas incessamment tous ces tristes exemples qu'ont offert dans ces derniers temps la France, le Portugal, l'Espagne, Naples et les Pays-Bas. Ce qui est arrivé même récemment dans un État protestant, confirme mon assertion. A peine l'Angleterre a-t-elle émancipé les catholiques d'Irlande, que les prêtres de ce pays remuent de nouveau les passions du peuple, nouent de nouvelles intrigues pour plaire à leur maître étranger qui forme un État dans l'État, à leur prétendu souverain de Rome, et préparent ainsi au cabinet de Londres de plus grands embarras que jamais.

Il est une classe de sages qui ne cessent de crier contre la théocratie : pour moi, je crois le genre humain tout entier destiné à ne former qu'une théocratie immense ; une théocratie toute différente, il est vrai, de celle qu'a voulu mettre en avant la théologie scolastique : ce ne sont que les abus de Rome, son intolérance et son ambition qui ont rendu la théocratie odieuse ; mais une théocratie temporaire et passant incessamment d'une nation à l'autre, ne prêtera plus aux mêmes abus. Le théocrate temporaire, même le plus mal intentionné, ne pourrait plus faire ce qu'ont fait et ce que font encore tous les jours les souverains ecclésiastiques de Rome. Et j'ose proposer à l'univers cette forme de gouvernement, au nom de son bonheur comme au nom d'un ordre exprès du Créateur de toutes choses. Dieu n'a-t-il pas dit, en effet, *tu aimeras le Seigneur ton Dieu par-dessus toutes choses, et ton prochain comme toi-même?* et cela ne renferme-t-il pas la théocratie la plus complète? Otez donc les abus romains, et la vraie théocratie offrira la forme de gouvernement la plus admirable. Il n'y a que des hommes absolument étrangers à la vraie connaissance de l'auteur de l'Évangile et de sa véritable doctrine, qui puissent envisager les choses sous un autre point de vue. Mais combien le nombre de ces derniers n'est-il pas grand de nos jours! A la faveur des abus religieux, les préjugés les plus déraisonnables et les plus absurdes prennent racine, dès leur jeunesse, dans le cœur des hommes du siècle; ils méprisent par conséquent le code divin donné à l'univers, au point de le juger indigne d'un examen sérieux et même d'une lecture attentive, et cela parce que d'autres hommes superficiels l'ont méprisé avant eux. Ils ne se doutent pas qu'aucune histoire de l'antiquité n'est mieux constatée que la vie et la mort de JÉSUS-CHRIST : car où est le grand homme des temps anciens dont l'histoire nous soit attestée par autant de témoins, autant d'écrivains, et par des résultats aussi éclatans dans l'univers? Quatre auteurs différens, du caractère le plus respectable, dont deux furent les compagnons même du héros dont ils rapportent les actions, s'accordent si bien sur le fond des faits qu'ils racontent, qu'il est impossible de récuser leur témoignage. C'est, en somme, la même histoire qu'ils rapportent; et s'ils varient tous les quatre dans quelques points secondaires, cette circonstance même dépose en leur faveur, et montre qu'ils ne se sont point copiés les uns les autres. On a voulu démontrer qu'il se rencontre des *contradictions* dans l'Évangile; mais elles ne sont en général que de peu d'importance, et ne renverseront jamais le fait principal. Quelques esprits faibles se sont scandalisés du nombre exorbitant d'évangiles qui ont paru dans les premiers temps : on en a vu jusqu'à cinquante, ont-ils dit; donc l'histoire qui y est rapportée est fausse. Mais ne sait-on pas qu'il y a mille exemples d'un pareil phénomène, et que ce phénomène prouve précisément le contraire? Quand un homme extraordinaire se montre sur la scène, on se met toujours de tous côtés à écrire sa vie. Cela est dans la nature. Celui-ci, il est vrai, écrit ce qu'il a vu de ses yeux, ce qu'il a entendu de ses oreilles. Cet autre ne raconte que ce qu'il a entendu raconter lui-même; mais il en résulte un nombre d'histoires différentes, plus ou moins dénaturées, qui ne font pas pour cela du tort à la réalité des événemens principaux, en faveur desquels elles fournissent, au contraire, une preuve d'autant plus forte, que leur nombre est plus considérable? Ajoutez à cela qu'aucun de tous les écrivains évangéliques n'a écrit pour de l'argent, comme le font aujourd'hui nos compilateurs de romans. L'invention de l'imprimerie a seule fait un métier et un gagne-pain de la composition des livres. Anciennement il n'y avait que l'importance d'un événement qui mettait à l'homme la plume ou plutôt le *style* à la main. Aussi, le plus adoré des philosophes modernes n'a-t-il en aucune façon révoqué en doute les événemens principaux que l'Évangile raconte. La sublimité de ses doctrines lui a arraché, au contraire, l'aveu que la fraude était ici impossible. Malgré cela, la tourbe des prétendus esprits forts du siècle, de ces prétendus disciples de Jean-Jacques qui ne l'ont jamais lu ou jamais compris, continuera de triompher dans son incrédulité. Je laisse à l'univers éclairé le soin d'expliquer de semblables contradictions, qui pour moi me paraissent tenir du prodige.

Mais comment, dira-t-on, organiserez-vous cette théocratie que vous mettez en avant? Je réponds que la chose est fort simple, et qu'elle se trouve tout entière dans le plan que je propose. Tous les monarques chrétiens reconnaîtront la supériorité du *trône* de JÉSUS - CHRIST sur leurs *trônes ter-*

restres, c'est-à-dire, la supériorité de la *vertu* sur la *force*; ils reconnaîtront la supériorité de la *couronne d'épines et du roseau* sur leurs *couronnes et leurs sceptres de métal*; ils reconnaîtront en un mot la supériorité du *code de l'Évangile* sur tous les *codes humains*; et alors, sans aucun dérangement considérable dans les États, la plus heureuse théocratie se trouvera constituée.

§. V.

La nécessité absolue d'un secours extraordinaire de la part du ciel, est démontrée par le caractère de l'homme et l'état moral de la société humaine. Il est peu d'anciens peuples qui, à la vue de la création, n'aient reconnu ce Dieu vivant et tout-puissant auquel ils sentaient qu'étaient dus leur amour, leur reconnaissance et leur adoration. Mais de quelle manière, se demandaient-ils, peut-on lui être agréable? Cette question parut insoluble à tous les hommes de bonne volonté des temps anciens. Celle de savoir si l'homme est immortel leur parut également une énigme. Partant d'un point de vue tout humain dans le culte qu'ils rendirent à la Divinité les premiers peuples, les hommes mêmes, remplis quelquefois des meilleures intentions, tombèrent tous sur l'idée du sacrifice des animaux, lequel les conduisit bientôt au sacrifice abominable de victimes humaines, et aux autres absurdités révoltantes et excès scandaleux. L'homme, tombé si bas, appelait nécessairement un Instituteur céleste capable de l'éclairer sur des points aussi importans que le sont ceux de la connaissance de l'Être infini et du culte qui lui est dû. Des hommes religieux, de vrais hommes *extatiques* ou prophétes, remplis particulièrement de l'esprit de Dieu, furent donc naturellement suscités de temps en temps par le ciel, pour faire au genre humain des ouvertures et des promesses qui se réalisèrent enfin toutes en JÉSUS-CHRIST; en ce Jésus qui sera éternellement le *Roi*, ou le Dieu *visible*, de toutes ses créatures, lesquelles n'eussent jamais pu se ranger autour de l'Essence divine demeurée *infinie* et *insaisissable*, ni contracter avec Elle des rapports convenables d'amour et de reconnaissance. Dès que l'univers eut fait dans les sciences et les arts des progrès suffisans pour pouvoir recevoir la doctrine de JÉSUS-CHRIST, pour pouvoir la comprendre et la conserver à jamais, Dieu s'empressa de se communiquer sans réserve à l'espèce humaine. Un examen attentif démontre qu'une révélation arrivée avant le siècle d'Auguste eût manqué son but. Il démontre également qu'une révélation plus tardive était incompatible avec la bonté et la sagesse de Dieu.

Que si l'on désire avoir quelque notion exacte

sur la personne et le caractère de JÉSUS-CHRIST, savoir d'où il venait, qui il était, il suffit de jeter un coup d'œil sur sa doctrine et ses œuvres telles qu'elles nous ont été transmises et par des historiens estimables, et par une foule de martyrs plus dignes de foi encore. Or, il résulte de l'ensemble de l'histoire évangélique, préparée par la loi ancienne, à laquelle elle est étroitement liée, une preuve incontestable que JÉSUS-CHRIST n'était ni un simple mortel, ni un philosophe adroit, comme le pensent aujourd'hui tant de personnes qui ne retiennent du christianisme que le nom. Où est le grand homme de l'histoire qui ait fait ce qu'a fait JÉSUS-CHRIST, au rapport des quatre évangélistes ; qui l'ait fait surtout dans l'unique but d'être utile aux malheureux humains, et qui, exempt de tout intérêt personnel, n'ait cherché qu'à rendre l'univers attentif à une doctrine toute céleste ? JÉSUS-CHRIST a prouvé par ses *œuvres* l'assertion étonnante qu'il avait faite d'*être la divinité personnifiée*. Où est l'imposteur qui ait jamais osé avancer une prétention semblable ? Quel mortel aurait jamais osé prendre sur lui la responsabilité d'un pareil blasphème ? La réforme immense que JÉSUS-CHRIST a faite n'ayant donc, en aucune façon, pu être accomplie sans la coopération du Très-Haut, il ne reste au genre humain qu'à humilier son front devant le Dieu rédempteur, et à voir en lui le Créateur suprême lui-même visitant ses enfans au môment de leurs plus grands égaremens et de leurs plus grands malheurs.

§. VI.

La divinité de la religion chrétienne se prouve de plusieurs manières. Elle se prouve et par l'esprit qui la caractérise, et par l'histoire du genre humain depuis qu'elle a été adoptée. Déjà les prophéties sans nombre sur lesquelles la religion chrétienne s'appuie, et qui la distinguent de toutes les religions connues, démontrent en quelque sorte sa divinité. Les prophéties de l'Ancien Testament s'accordant si bien dans tous les détails avec les divers événemens du Nouveau, demeureront toujours le phénomène le plus étonnant aux yeux de tout critique sensé. Il n'y aura que l'homme aveuglé par les préjugés les plus déraisonnables qui y méconnaîtra le doigt de Dieu. Les œuvres inconcevables et évidemment miraculeuses, que l'auteur de la *Religion chrétienne* a ensuite opérées, œuvres constatées par les témoins les plus intègres et les plus désintéressés qui aient jamais rendu témoignage, puisqu'ils scellèrent le leur de leur sang; ces œuvres, dis-je, prouvent également la divinité de cette religion. Enfin, la conduite simple et sublime de JÉSUS-CHRIST dans toutes

les circonstances de sa vie, ses maximes, ses leçons
et ses exemples, prouvent encore la même chose.
Nul mortel n'a pu obtenir la moindre préférence
sur les autres hommes, aux yeux de l'auteur de
l'Évangile ; le pauvre et le riche, le petit et le
grand étaient égaux devant lui. Tous les humains
sans exception, les plus grands malfaiteurs eux-
mêmes, trouvent dans son Évangile l'espoir et la
consolation. Et si l'on ne voulait point reconnaître
une source exclusivement divine dans cette sen-
tence : Vous aimerez votre prochain comme vous-
même, du moins ne peut-on la méconnaître dans
celle-ci : Aimez vos ennemis, faites du bien à ceux
qui vous haïssent, priez pour ceux qui vous persé-
cutent et vous calomnient, et ne reculez pas même
devant la mort, quand il s'agira d'être utile à votre
prochain : toutes maximes que JÉSUS-CHRIST a
confirmées par ses exemples personnels. Certes, si
tout cela ne prouve point la divinité de sa religion,
rien ne doit plus être regardé comme preuve sur
la terre. Dieu, tout Dieu qu'il est, ne saurait allen
plus loin que de donner sa vie pour ses ennemis !
Que l'homme sensible, que le philosophe capable
d'apprécier un peu les choses à leur juste valeur,
se représente ce que c'est que de prier pour des
bourreaux du haut d'une croix, et de s'écrier en
expirant : « Père, pardonnez-leur, ils ne savent ce

qu'ils font; » et qu'il nie qu'un pareil spectacle soit divin !

Placez maintenant à côté de ces considérations le fait historique, que jamais religion n'a porté les sociétés à un aussi haut point de perfection que l'Évangile ; qu'en comparaison des chrétiens, tous les autres peuples sont demeurés constamment dans la barbarie, et que, si ces derniers ont fait quelques légers progrès, c'est encore à l'Évangile seul qu'ils sont dus, parce qu'aucune nation, aucune caste, n'a pu échapper à une influence au moins indirecte de sa part, et que les Israélites modernes eux-mêmes ne sont plus les Juifs haineux de l'ancien temps, à cause des exemples de vertu qu'ils ont eus sous les yeux ; réunissez ainsi les preuves intrinsèques de la divinité de la religion chrétienne à celles que fournit l'histoire et une expérience de dix-huit siècles, et vous ne pourrez concevoir un mortel assez stupide ou assez prévenu pour la méconnaître.

Que l'on examine la doctrine de l'Évangile dans tous les détails et sous toutes les faces, on la verra toujours divine autant que simple, et à la portée de tous les hommes. Elle s'applique à toutes les sociétés, à toutes les conditions de la vie, à toutes les formes de gouvernement : car, ce n'est pas l'Évangile, c'est Rome seule qui a favorisé le despotisme.

Jamais on n'a trouvé l'Évangile, sur aucun point, en contradiction avec les principes de la saine raison. Rien ne favorise plus que l'Évangile une sage liberté. Le vice seul est l'objet du zèle de son Auteur, parce qu'il en regarde la destruction comme indispensable au bonheur même temporel des hommes. L'Évangile est le plus noble lien qui unisse la terre au ciel, et qui unisse les hommes à leur Créateur aussi-bien qu'entre eux. L'Évangile est une véritable *Charte divine*, objet des poursuites de tant de nations. Il est même incontestable que toute constitution terrestre qui n'est point en harmonie avec les doctrines de JÉSUS-CHRIST, est incomplète. Et combien les lois des États et des Empires modernes ne sont-elles pas en arrière de l'Évangile jusqu'au dix-neuvième siècle!

Mais, je le répète, une seule réflexion décisive en cette matière, est que l'Évangile porte un cachet qui n'a jamais décoré aucune œuvre humaine, et qui doit rendre ses ennemis confus et interdits à jamais. Où est le philosophe qui ait jamais scellé de son sang ses doctrines de morale, comme l'a fait JÉSUS-CHRIST? Quel philosophe, quel moraliste, s'est jamais vanté d'avance qu'il confirmerait ses exemples par sa mort, comme l'a fait le Sauveur du monde à la fleur de son âge; ajoutant qu'il ressusciterait le troisième jour, ce qui eut lieu en effet, puisqu'il n'y a que la vérité de ce fait qui ait pu enflammer dans le cœur de ses disciples le courage nécessaire pour devenir les apôtres d'un crucifié; qui puisse expliquer cette joie qu'ils ressentaient au milieu des supplices les plus terribles et de tous les genres de mort; qui ait pu en un mot leur donner cette persuasion profonde qu'en expirant dans les supplices, ils ne faisaient que suivre leur céleste maître dans les lieux où il était allé leur préparer des places?

Quand on pense, par conséquent, que c'est au christianisme seul que les nations modernes de l'Europe doivent le progrès des lumières et de la civilisation, pendant que tous les autres peuples sont restés dans leur première barbarie, on ne peut se défendre d'un profond sentiment de douleur à la vue du dépérissement universel où il est tombé. C'est une chose vraiment pitoyable que de voir de nos jours tant d'esprits superficiels critiquer et tourner en dérision une institution sublime et divine, institution aussi salutaire pour la politique que pour la morale, et qu'il ne leur a jamais été donné d'apprécier à sa juste valeur.

§. VII.

Une preuve que la religion est un vrai besoin pour les hommes dans tous les temps, et qu'elle l'est de nos jours plus que jamais, ce sont ces nombreuses sociétés particulières qui se forment de tous côtés, et qui se multiplient plus qu'elles n'ont jamais fait à aucune époque de l'histoire. Et que l'on ne dise pas que toutes ces sociétés particulières peuvent continuer de subsister à côté de celle de Rome. L'harmonie et la bonne intelligence ne règneront jamais entre elles. Rome, d'ailleurs, doit bien avoir renoncé à l'espoir de *récatholiciser* l'univers, et de reconquérir jamais les sectes qui se sont séparées d'elle, et qui, par l'accroissement qu'elles prennent, menacent bien plutôt de l'éteindre enfin définitivement elle-même. Les sociétés nouvelles les plus récentes ne veulent entendre parler ni du pape, ni de Luther, ni de Calvin, ni d'une profession de foi particulière quelconque. L'athéisme, vers lequel on penchait si fort dans le dernier siècle, est devenu maintenant odieux aux yeux de tous les hommes raisonnables. D'une part, aujourd'hui, on tombe principalement dans le déisme ou le panthéisme. On voudrait élever un système religieux sur la seule raison; on ne veut lui donner pour base unique que la philantropie. D'un autre côté, les sectes vraiment chrétiennes et qui ont un fond de foi vivante, un fond de convictions indestructibles, recommencent, faute d'unité et de liberté dans le plan général, à devenir remuantes et intolérantes. En un mot, on erre partout dans un dédale d'idées et de prétentions bizarres, tourmenté que l'on est

de la nécessité de satisfaire au besoin nouveau qui
presse tous les cœurs. Il est de la nature de la société
moderne que l'on y voie s'accroître et se multiplier
des subdivisions de sectes à l'infini, aussi dangereuses qu'absurdes, si la sagesse et la prudence ne
trouvent quelque moyen d'union. Et c'est ce moyen
d'union que je propose. Je ne veux point former
une secte nouvelle. Mon intention est si peu de
former une secte nouvelle ajoutée aux mille autres,
que je prétends, au contraire, les détruire partout
où elles se trouvent. Mais ces hommes faibles,
qu'une fausse philosophie a rendus étrangers à
l'Évangile, ne se doutent pas même du véritable
état de la question ; ils ne se doutent pas du véritable problème que la diplomatie doit résoudre
pour fonder le bonheur civil et religieux des peuples à l'époque à laquelle le genre humain est par-
venu, non plus qu'ils se doutent que le christianisme est lui-même le déisme le plus pur, et le
moyen le plus naturel, que dis-je, l'unique moyen
possible, par lequel la Divinité, incommunicable
par essence, s'est rendue sensible à l'homme dont
elle a emprunté la forme, afin de lui donner les
règles de conduite qui étaient devenues indispensables à sa perfection et à sa félicité.

§. VIII.

Comme il est incontestable que la fausse politique de Rome donne seule naissance à tant de
sectes, et à tant de partis qui préparent une ruine
certaine à tous les États, même aux États les mieux
organisés, il est devenu absolument indispensable
d'opposer enfin une digue à une politique aussi
désastreuse : c'est dire qu'il faut introduire un chan-
gement complet dans la hiérarchie ecclésiastique.
Car le phénomène de ces sectes pullulant de toutes
parts, est également la preuve de l'inefficacité de
la papauté et de l'insuffisance du protestantisme,
quoique l'un et l'autre vaillent encore mieux que
le philosophisme, lequel n'a pas même un seul
principe sur lequel il soit d'accord. La papauté
aussi-bien que le protestantisme ne sont plus con-
sidérés aujourd'hui par les diplomates que comme
des leviers politiques. Nombre de ministres de
l'Évangile ne remplissent plus eux-mêmes leurs
sublimes fonctions que comme un métier qui leur
donne du pain ; et leur conduite est souvent en
une opposition scandaleuse et choquante avec les
règles de l'Évangile, ce qui ne peut qu'amener sous
peu une extinction totale de la foi chrétienne. Il
faut par conséquent commencer par une *réunion
générale* de toutes les communions particulières,

que des torts réciproques ont depuis long-temps rendues dignes de se donner la main. Et ceci sera la suite naturelle de la démarche que feront tous les monarques de former entre eux une grande théocratie, ainsi que j'ai eu l'occasion de le proposer aux divers congrès tenus à Vienne, à Troppau, à Laybach et à Vérone, et ainsi que je le rapelle ici de la manière la plus solennelle à tout prince à qui son propre repos, le bonheur de ses peuples et l'honneur de la Divinité tiennent à cœur. Car, je le répète, il faut enfin que le trône de JÉSUS-CHRIST soit élevé au-dessus de tous les trônes terrestres, et que le plus âgé des souverains du premier rang soit aussi toujours en même temps le représentant du Roi des rois, vu qu'aucune société, soit au ciel, soit sur la terre, ne peut subsister sans un chef. Mais le monarque qui portera le titre de pape, ou de chef de l'Église universelle, ne devra jamais se déclarer *infaillible*, comme l'avaient fait les évêques de Rome. Quoique vénérable à toute la chrétienté et à toute la terre par sa nouvelle qualité, il n'aurait pourtant d'autre droit que de convoquer un concile ou assemblée générale, dans le cas où des disputes ecclésiastiques viendraient à être poussées au point de causer des troubles civils, et ce concile seul terminerait tous les différends. Ce monarque-pape devra sans doute aussi confirmer, dans un délai donné, les évêques et archevêques nommés ailleurs, ou présentés par qui de droit, et repousser les indignes, ou dégrader même ceux qui le seraient devenus.

Le premier pas donc que devront faire tous les monarques chrétiens à qui le bien de l'univers tient à cœur, ce sera de former entre eux une *alliance sacrée*, une nouvelle *sainte alliance*, mais dans *le sens de l'Évangile*, ainsi que je l'ai toujours entendu, afin d'arrêter à l'instant même la fermentation des idées devenues si dangereuses aujourd'hui pour l'Europe. Ce n'est qu'à la suite de ce premier pas, et au moment de la mort du pape romain actuel, qu'ils devront donner, par l'organe de leur nouveau chef spirituel (lequel, dans l'état présent des choses, se trouverait être l'empereur d'Autriche, le plus ancien souverain sur le trône et en même temps l'exemple des monarques) l'ordre de la convocation d'un *concile général* d'après les bases suivantes, savoir : Dans chaque État, chaque secte chrétienne enverra un nombre de députés proportionné à son extension, par exemple, *un* sur un million et au-dessous. Car on ne fera en cette rencontre aucune distinction entre les romains-catholiques, grecs, luthériens, calvinistes, anglicans, herrenhüters, méthodistes, et mille autres subdivisions dont l'énumération deviendrait risible. Les Israélites eux-mêmes, comme nos frères aînés en religion, pourraient être invités à prendre part à ces discussions. Il en résulterait une assemblée d'environ deux cents députés pour l'Europe. Le président de cette assemblée devra être un chrétien de conviction plutôt qu'un savant théologien. Entre plusieurs candidats présentés, le sort en désignera *un;* mais les intrigues de Rome n'y seront pour rien. Et quel vrai disciple du Sauveur du monde ne sentira point son cœur battre en voyant faire de semblables dispositions, capables d'amener enfin cette époque sacrée prédite dans l'Évangile par ces paroles : En ce temps-là il n'y aura plus qu'une seule bergerie et qu'un seul pasteur?

§. IX.

Ces premières dispositions sont en même temps de la plus grande importance et de la nécessité la plus indispensable. Je dois donc y arrêter encore un instant le lecteur, et le prier de les examiner lui-même avec la plus sérieuse attention, persuadé que le bien général temporel aussi-bien que religieux, m'a seul engagé à les proposer. Il existe aujourd'hui dans l'univers deux partis opposés, lesquels se poursuivent et se poursuivront nécessairement à mort, jusqu'à ce que l'un ou l'autre ait succombé. Ce sont en général les *romanistes* et les *antiromanistes.* La proportion n'est plus égale, il s'en faut de beaucoup, entre le nombre des adhérens des deux partis. Les antiromanistes sont et plus puissans et plus nombreux; car sous leur bannière se rangent non-seulement l'Angleterre, la Russie, la Prusse, le Danemarck, la Suède, la Hollande, et la majeure partie de l'Allemagne, avec tous les chrétiens de l'Orient (pour ne rien dire des protestans de France, et ne point faire mention de l'autre hémisphère qui est pour ainsi dire protestant naturellement), mais encore les francs-maçons, les philosophes et les incrédules de tous les pays, lesquels, comme on sait, font foule même en Italie et en Espagne; tandis que Rome ne compte plus que ces deux derniers Etats, la France qui n'est plus guère ultramontaine, enfin l'Irlande, l'Autriche et quelques autres églises disséminées. Les hommes instruits, même les ministres et les hommes d'état de tous les pays catholiques, la plupart affiliés aux différentes branches de maçonnerie, sont eux-mêmes antiromanistes par conviction, n'étant plus catholiques-romains que de nom. C'est là l'unique raison pour laquelle Rome se montre si acharnée contre les francs-maçons de tous les pays, parce qu'elle prévoit en eux son inévitable ruine. Pourquoi donc, je le demande, pourquoi l'univers chrétien n'aurait-il pas le droit de se choisir un chef, et de le placer par le fait à la tête de l'Eglise universelle, en négligeant celui que voudrait lui imposer encore la minorité, ou plutôt que voudrait lui imposer une poignée de cardinaux? Dans l'Eglise primitive, n'était-ce pas l'usage que les fidèles eux-mêmes se donnassent leurs chefs? Pourquoi ne reviendrait-on pas à cet usage, aujourd'hui que la chose est devenue indispensable, et que le bien des Etats aussi-bien que celui de la Religion elle-même le demandent impérieusement? On a admis dans la politique moderne le principe qu'aucune puissance n'a le droit d'intervenir dans les affaires intérieures d'une autre puissance : pourquoi donc ferait-on une exception en faveur de Rome, dont les intrigues agitent incessamment tous les pays où on lui donne pied, ainsi que la France, l'Espagne, le Portugal, l'Irlande, et même certains points de l'Italie et des Pays-Bas en font foi? N'est-il point incontestable qu'en ce moment même le Roi de France et ses fidèles et loyaux sujets seraient plus heureux qu'ils ne le sont, sans toutes les intrigues ultramontaines? Ce n'est point toutefois, pour le dire en passant, que j'approuve dans toute son étendue le fameux principe de la *non intervention*; car quand le feu éclate chez mon voisin, j'ai quelque droit, je pense, à l'aller éteindre sans trop lui en demander la permission : mais ici c'est Rome qui met le feu à l'Europe tout entière. Cette nomination, donc, d'un pape du choix de la partie la plus éclairée et la plus nombreuse de la chrétienté, au moment de la mort du pape actuel, me paraît la chose du monde la plus simple et la plus naturelle. Et un autre avantage incalculable de la mesure que je propose, c'est que le monarque le plus âgé des Etats du premier rang, savoir, de la France, de l'Angleterre, de l'Autriche, de la Russie, et même du Brésil, et des autres grands Etats qui deviendraient chrétiens par la suite, continuera de porter le titre de pape, sans que jamais il puisse devenir de nouveau le sujet d'aucune contestation ni d'aucun empiètement de pouvoir. Tout mon plan est porté à sa pleine exécution, sans qu'il soit touché en aucune façon à la Religion, laquelle demeure intacte, puisque le concile seul que le nouveau pape convoquera, aura tout à régler et tout à décider quant au dogme comme quant à la discipline. Quel est le protestant raisonnable et sentant les défectuosités du protestantisme, qui ne verra pas une semblable restauration générale de la chrétienté avec plaisir? Et les catholiques romains eux-mêmes, principalement ceux des membres du clergé qui sont pénétrés d'un amour éclairé pour la cause du Seigneur et de son Évangile, n'iront-ils pas avec joie au-devant de réformes devenues aussi indispensables? Encore une fois, à la mort du pape actuel, au lieu de réunir un petit conclave à Rome, la chrétienté en masse se donnera solennellement un chef, les différens monarques empêchant, sous peine de la perte de leurs avantages temporels, les trois ou quatre cardinaux de leurs États d'aller intriguer à Rome ; et toutes les communions chrétiennes se trouvent réunies, et les loges maçonniques, si dangereuses pour tous les monarques, et principalement pour ceux qui sont en connexion avec Rome, tombent d'elles-mêmes, et toute la grande œuvre se trouve consommée ! J'ose même ajouter que Pie VIII, s'il est vraiment un serviteur dévoué du Dieu Rédempteur, sera le premier à donner sa voix à l'auguste successeur que je lui propose.

Il faudra surtout se garder d'attendre jusqu'au moment de la mort de ce pape pour prendre les mesures préparatoires que j'indique, et que la politique du moment ne permet point d'ajourner.

§. X.

Le concile ou l'assemblée générale réunie soit à Paris, soit à Vienne (je préférerais à Vienne), aura différens points à examiner et à décider. En voici les principaux : Il sera d'abord question de la foi, à l'égard de laquelle il se rencontre des variations si étranges chez toutes les sectes ; et on arrêtera les articles essentiels d'après le texte de l'Évangile. On réglera ensuite le culte extérieur, dans lequel on introduira le plus d'uniformité possible, en s'en tenant à une pompe à la fois noble et simple. En troisième lieu, on détruira les désordres qui se sont attachés à la confession auriculaire, aux rétributions pécuniaires dans l'administration des sacremens, ceux qui entachent les pratiques extérieures dans certaines églises; en un mot, on supprimera généralement tous les abus plus ou moins nombreux chez toutes les sectes. Mais avant tout on commencera par la pernicieuse et absurde loi du célibat.

Chaque ministre de la religion doit être parfaitement libre de se marier ou non. Il n'en faut excepter que les prêtres réguliers des couvens où ceux-ci subsistent; mais encore n'y doit-on jamais souffrir de vœux perpétuels.

Quand un religieux juge à propos de rentrer dans le monde et de se rendre utile à la religion par ses talens acquis, rien ne doit l'en empêcher. Il est inutile de rapporter ici les scandales horribles auxquels la loi du célibat a donné naissance dans tous les temps. Les meurtres, les suicides et les infanticides se multiplient encore tous les jours parmi les célibataires consacrés à Dieu, à la honte et au détriment du christianisme. Si aujourd'hui tant de malheureux ne veulent plus entendre parler de la foi, et s'ils confondent dans une même haine l'Évangile de Jésus-Christ avec ceux qui l'annoncent, n'en doutons pas, c'est la loi du célibat qui en est la principale cause. Les hommes, toutefois, je le répète, qui croiront pouvoir être agréables à la Divinité en demeurant célibataires, devront toujours être libres d'offrir à leur Créateur un pareil sacrifice. La nature humaine est tellement constituée qu'une chasteté perpétuelle n'est nullement impossible, quoique ce soit là une des vertus les plus difficiles. Les individus qui se sentiraient disposés à offrir un tel sacrifice au ciel, feraient bien surtout de se consacrer à la vie conventuelle. Mais en laissant généralement toutes les classes des serviteurs de Dieu libres de se marier quand bon leur semble, on peut par là même montrer plus de rigueur envers ceux qui seraient encore assez vils et assez pervers pour donner de ces scandales dont l'influence est si pernicieuse sur le commun du peuple. Et on a véritablement le droit de sévir dans ces occasions de la manière la plus terrible.

On peut dire que la loi du célibat est devenue, dans toute la force du terme, le tombeau de l'église romaine; tandis qu'en la supprimant, les couvens eux-mêmes pourraient subsister et devenir utiles, puisqu'on s'y consacrerait comme par état à l'éducation, au service des malades, à l'étude des sciences morales et religieuses, ou à la réfutation des mauvais livres, ainsi que je le dirai tout à l'heure.

§. XI.

Quand la religion sera élevée ainsi sur les trônes

terrestres, les leçons divines de l'Évangile jetteront
par là même des racines plus profondes aux diverses
cours des princes, surtout parmi ces monarques et
ces courtisans qui sont actuellement sous l'influence
pernicieuse des papes, lesquels ne semblent véritablement entretenir des envoyés auprès d'eux que
pour les pervertir, pour les flatter ou les tromper,
en leur faisant accroire que tout leur est permis, et
que la sévérité des lois religieuses n'est que pour le
peuple. On n'apprendra plus alors ces anecdotes
scandaleuses des cours qui perdent les peuples et
les États. Des hommes consacrés au service du Très-
Haut surtout ne seront plus les premiers à donner
l'exemple d'une vie licencieuse à des âmes déjà
naturellement portées à la légèreté et à la frivolité.
Et la politique, qui n'est aujourd'hui que l'*art de
tromper les hommes*, deviendra enfin *conscien-
cieuse* avec des hommes d'état chargés des soins
du bonheur public et obligés avant tout de bien
connaître le christianisme.

Pourquoi un monarque ne s'occuperait-il point
par état de l'étude de l'Évangile? N'est-il point
sous la main du Créateur comme tous les autres
mortels? L'éternité l'attend-elle moins que le dernier
de ses sujets? Mais leurs ministres surtout, et leurs
conseillers, ces aveugles qui prennent quelquefois
sur eux une si grande responsabilité avec une si
inconcevable légèreté, y gagneront à connaître un

peu mieux les devoirs de l'homme et du chrétien.
Que sert à un individu destiné à vivre éternellement,
d'être un peu plus puissant ou heureux sur la terre
pendant quelques années ou quelques jours? Qu'on
le demande à cet octogénaire qui connaît au juste
le prix de la vie. Un monarque, ou un grand de la
terre, voudrait-il s'exposer à se voir ranger dans la
vie à venir au-dessous du plus misérable de ses
subordonnés? Je le répète donc, jamais l'univers ne
pourra être heureux, que la politique, aujourd'hui
criminelle et perfide, ne soit de nouveau et exclusivement basée sur les principes de la religion.

§. XII.

Je dis que les couvens eux-mêmes pourraient
subsister et devenir utiles, si on modifiait leurs règles,
et si on forçait leurs habitans volontaires à ne s'oc-
cuper que de choses louables. Voici un exemple des
occupations qu'on pourrait leur donner préférable-
ment aux hommes du monde, vu que ces occupations demandent des études, des recherches, et un
loisir qui s'allient difficilement avec le tracas des
affaires. On sait que de nos jours l'univers est
inondé d'ouvrages prétendus philosophiques, dont
les erreurs grossières ont besoin d'être signalées.
Qui donc pourrait mieux remplir cette tâche qu'une
société d'hommes livrés uniquement à la médita-

tion des choses sérieuses? On ferait donc une loi d'après laquelle tous les mauvais livres, tous les livres dangereux pour les principes et la morale publique, ne pourraient paraître qu'accompagnés de notes capables de neutraliser le poison qu'ils contiennent. Et ces notes, nécessairement insérées dans le texte, seraient rédigées par la société de ces savans célibataires, qui auraient fait de cette partie l'objet spécial de leurs études. Aussitôt qu'une édition de ce genre aurait été publiée avec des notes, le texte ayant été laissé intact, les autres éditions seraient confisquées. Cette disposition serait utile en même temps à la civilisation et au commerce; et elle mettrait enfin des bornes à cette fureur d'imprimer des paradoxes qui ne connaît plus de frein, et qui est une véritable plaie pour la société. Je n'ai pas besoin, je pense, de nommer ces ouvrages pernicieux qui corrompent l'esprit du peuple jusque dans les chaumières, et à l'égard desquels l'autorité civile pourrait prendre les mesures susdites, ainsi qu'elle en a nécessairement le droit. La France, aussi-bien que l'Allemagne et l'Angleterre, sont pleines de ces écrits qui minent les bases de la religion et de la morale, et de tous les principes qui font les bons citoyens.

§. XIII.

Le service divin ne saurait se faire avec trop de pompe, puisque celle-ci est indispensable pour l'édification des fidèles. Un service divin sans cérémonies est un corps sans âme. Seulement faut-il que les cérémonies soient toujours bien entendues. Les sociétés dissidentes ont en général trop retranché du culte extérieur, qu'elles regardaient comme superflues; quoiqu'il soit impossible de séparer entièrement les cérémonies du service divin, une prédication publique étant elle-même toujours une sorte de cérémonie religieuse. L'Église romaine et l'Église grecque, avec les chrétiens primitifs, déploient seuls une pompe convenable dans leur culte. Et dans quelle occasion déploierait-on tout ce que l'industrie humaine peut produire de plus beau, si ce n'est dans les solennités de l'Éternel? L'homme a des sens corporels et il a besoin d'objets sensibles pour s'édifier. Si le prêtre catholique ne faisait pas aujourd'hui consister toute sa religion dans les pratiques extérieures, personne n'aurait certes à redire contre ses usages. La *messe* rappelle toutes les circonstances de la passion du Sauveur, et un catholique instruit qui y assiste avec l'attention convenable et en comprend tous les détails, ne peut manquer d'en sortir attendri. Il faut par conséquent la

conserver, en y introduisant quelques légers changemens qui la rapprocheront davantage des temps
primitifs ; car je ne doute pas que tout protestant
éclairé ne reconnaisse facilement la justesse de cette
disposition : mille fois j'ai été témoin des impressions favorables que faisaient sur les dissidens des
cérémonies catholiques convenablement ordonnées
et bien adaptées à l'esprit du christianisme. Mais
jamais la messe ne devra devenir l'objet d'une spé-
culation commerciale, comme cela se pratique aujourd'hui, à la honte des ministres du Seigneur
et de sa religion. Tous les jours une messe peut
être dite pour les personnes pieuses, âgées, ou
n'ayant aucune occupation qui les retienne à la
maison; mais cette messe doit être la seule, et on
ne doit la célébrer qu'à l'autel principal et unique.
Quant aux jours de fête, les messes pourront se
suivre avec plus ou moins de solennité depuis six
heures du matin jusqu'à deux heures de l'après-
midi, afin que chacun puisse avoir au moins le loisir d'en entendre une et de satisfaire à un devoir
aussi essentiel que celui de renouveler le souvenir
de la passion du Sauveur quand il n'a pas le temps
d'assister au sermon et à l'explication de l'Évangile.
D'un autre côté, lorsqu'un prêtre est obligé de dire
la messe tard, il doit pouvoir prendre quelque nourriture préalablement : pourquoi exigerait-on qu'il
nuise à sa santé par un jeûne trop prolongé ? Mais

ce ne sera qu'une raison de plus pour le clergé en général de s'abstenir de boissons fortes, et d'éviter soigneusement toute espèce d'excès. Certains ecclésiastiques romains attachent autant d'importance au jeûne avant la messe et aux lois de l'abstinence des viandes qu'à celle du célibat et même qu'aux lois naturelles; et en cela ils font également un tort incalculable au peuple, qui apprend par là à mettre toutes les transgressions possibles sur la même ligne.

L'intérieur des temples peut recevoir toutes sortes de décorations. Les tableaux représentant quelque trait de l'histoire sainte n'y sont nullement déplacés. Les images des apôtres, par exemple, et de la mère du Rédempteur, méritent certainement l'honneur de figurer dans une assemblée chrétienne. La vue de leurs tableaux, ou même de leurs statues, est un sermon qui parle aux yeux. Rien n'est plus naturel à l'homme sensible que d'exposer dans sa demeure le portrait de ses ancêtres et de ses bienfaiteurs. La défense du second commandement ne tombe pas sur les *images* et les *statues* elles-mêmes, mais seulement sur *l'adoration* que les peuples idolâtres étaient disposés à leur accorder, mais à laquelle les chrétiens plus éclairés ne sont plus exposés. C'est avec la plus grande injustice que les protestans en général reprochent aux catholiques romains *l'adoration* des images : le fidèle même le plus grossier parmi eux sait que l'*adoration proprement dite* n'est due qu'à Dieu seul. Pour ce qui est de *l'invocation* des saints, non-seulement elle ne renferme rien d'illégitime, mais elle peut même être louable et utile. Pourquoi les amis de Dieu ne pourraient-ils plus nous rendre quelques services après avoir subi leur état de transformation, eux qui déjà sur la terre se rendaient avec tant d'empressement utiles à leur prochain ? Le bien que firent les apôtres et d'autres saints personnages pendant leur vie mortelle, en guérissant des malades par la prière et l'imposition des mains, et en invoquant sur les premiers fidèles les dons du Saint-Esprit, en sont une preuve manifeste. Ces mots du symbole en usage chez les chrétiens de toutes les communions, *je crois à la communion des saints*, en fournissent une preuve nouvelle, et font ressortir en même temps la contradiction de ceux qui crient avec tant de force contre l'invocation des saints en usage dans l'Église de Rome. Le tort de cette dernière Église ne consiste que dans des abus secondaires, quand elle expose, par exemple, à la vénération publique, l'image de certains individus dont la vertu et la foi n'ont été que très-équivoques, pour ne rien dire des individus qui n'ont été que ridicules, et dont d'absurdes légendes font seules mention.

§. XIV.

Mais l'abus le plus essentiel à corriger sans délai, est de bannir entièrement des cérémonies du culte la question dégradante de l'intérêt pécuniaire. Dans différentes Églises il s'est introduite une *usure* épouvantable, pendant que leurs prédicateurs ne laissent pas de déclamer avec véhémence contre ce vice chez les laïques. Il ne suffira point de modifier la perception de ce qu'on a appelé le casuel; mais il faudra supprimer entièrement la question d'argent quand il s'agit des sacremens. Un ministre de l'Évangile ne doit jamais pouvoir exercer ses augustes fonctions pour un gain temporel. Les baptêmes, les mariages et les services pour les morts, doivent tous se faire au maître-autel, sans rétribution; et on ne doit jamais faire de distinctions pour les riches ou les personnes d'un rang plus élevé; en présence du Seigneur tous les hommes sont égaux. En ce moment, le refus révoltant dés enterremens se multiplie dans certaines contrées catholiques d'une manière scandaleuse. Un tel désordre aurait dû depuis long-temps ouvrir les yeux aux souverains. Que l'on se rappelle la scène déplorable que les intrigues de Rome ont causée tout récemment dans la capitale de l'Autriche, et au milieu de la cour impériale! On coupera court à ces abus pernicieux en défendant généralement la présentation des cadavres dans les églises. Rien ne justifie cet usage, qui n'est qu'un moyen de domination et d'intérêt pour le clergé, et dont les inconvéniens sont sans nombre. Combien de fois des fidèles ont ramassé dans le lieu saint le premier germe d'une maladie, par l'infection pestilentielle d'un cadavre ! D'un autre côté, nul mortel n'a le droit de juger un mort : ce jugement doit être entièrement abandonné au Seigneur : par là même qu'une personne est morte, c'est une œuvre de charité de contribuer à ce qu'elle soit enterrée décemment ; et le prêtre ne peut, sous aucun prétexte, lui refuser ses prières. Enfin, le plus ou moins de pompe que l'on consacre aux hommes d'un rang plus élevé ou d'une fortune plus brillante, doit demeurer entièrement étranger à l'Église, et être abandonné aux soins de la famille même du défunt.

§. XV.

Plusieurs écrivains se sont élevés sans restriction contre la fortune et les richesses des ministres du culte. Ils ont vu l'abus où il n'était pas. Et qui donc sera en état de faire un bon usage des biens de la terre, si ce n'est un vrai ministre de l'Évangile ? Le véritable vice gît donc encore ici dans la

mauvaise éducation que l'on donne dans certaines
maisons religieuses, et généralement dans les sémi-
naires des catholiques romains. Un prêtre, bien
pénétré des devoirs de son état, et rempli de l'esprit de charité que recommande l'Évangile, saura
toujours disposer à propos de son superflu; et les
indigens ne lui manqueront pas. Un curé, un pasteur, doit toujours être à son aise sous le rapport
temporel. Il a consacré à son état la plus grande
partie de sa vie : dès ses premières années il s'est
livré à l'étude; et les efforts et les sacrifices qu'il
a faits en ce genre, lui méritent l'aisance aussi-bien
que le respect auxquels il a droit; ce n'est qu'à ce
prix qu'il peut rendre à la société les services qui
sont dans ses attributions. Il n'est guère dans la
nature qu'un ecclésiastique dissipe ses revenus
mal à propos. Je le répète : les abus à cet égard, qui
ont scandalisé les observateurs, doivent tous être
attribués à la position actuelle de ces célibataires
forcés; mais tous ces abus disparaîtront parmi des
prêtres redevenus pères de famille, et tenant à
leurs concitoyens par des liens en même temps
civils et religieux. Le mépris, aussi-bien que
l'animadversion publique, feront toujours justice
d'un ministre de l'Évangile qui vivra en contradiction avec ses propres principes, et prêchera
aux autres une doctrine qu'il ne pratiquera point
lui-même.

§. XVI.

J'ai dit que le concile s'occuperait aussi de la *confession*. Je suis persuadé qu'aucune institution n'est plus capable de produire de si bons résultats que la confession auriculaire, si elle est exercée selon la raison et l'Évangile. Ce ne sont donc de nouveau que les abus qu'on y a introduits, comme dans tout le reste, qui sont pernicieux et qu'il faut détruire. La confession auriculaire est aujourd'hui un sujet de plaisanterie ou de curiosité pour certains ecclésiastiques eux-mêmes; d'autres la respectent assez peu pour en faire un moyen de corrompre leurs pénitentes, et surtout la jeunesse; la police de certains États est allée jusqu'à dégrader la confession au point de s'en servir pour connaître les secrets des familles. Est-il étonnant que le peuple soit devenu généralement indifférent à l'égard d'une pratique sainte et louable en elle-même? Tous ces abus coulent d'un seul mauvais principe, celui d'avoir forcé le pénitent d'entrer dans des détails inconvenans. Si l'on veut que l'usage de la confession ne se perde pas entièrement, il est indispensable de changer ce principe; ce n'est qu'à cette condition qu'il pourra se conserver. L'aveu des péchés commis fait à un prêtre, a un double but: premièrement, il humilie le pécheur, qui reconnaît ainsi ses transgressions de-

vant Dieu et les hommes, et ne rentre en grâce que
par l'absolution formelle qu'il reçoit. En second
lieu, cet aveu particulier et détaillé est une occasion favorable d'instruire convenablement le pécheur sur la manière de résister à ses passions. Il
faudra donc qu'un confesseur soit un homme de la
prudence la plus consommée; et ses fonctions ne
sauraient être exercées par un ecclésiastique au-
dessous de l'âge de trente-cinq ans. Voici sur quel
pied je proposerais de mettre la confession pour en
tirer de bons fruits. On mettra sous les yeux du pénitent un modèle d'examen de conscience qui rappelle sommairement tous les péchés que l'homme
peut avoir commis contre la loi de Dieu. Le pénitent indiquera le point particulier sur lequel il se
reconnaîtra coupable; mais le confesseur n'aura en
aucune façon le droit de demander les détails de la
transgression; il faudra qu'il se contente de l'ouver-
ture que le pénitent aura jugé à propos de lui faire
sur tel ou tel commandement de Dieu, afin de lui
donner des avis analogues, suivis toujours d'une
absolution que nul mortel n'a le droit de refuser.
Par là même qu'une personne se présente librement
dans le tribunal de la pénitence, elle s'avoue coupable, et mérite d'être encouragée dans ses louables
dispositions, par l'assurance que le repentir ne saurait jamais être séparé du pardon devant Dieu. Le
pénitent avouera-t-il, par exemple, qu'il a trans-

gressé le premier commandement : *Je suis le SEI-GNEUR ton Dieu ; tu n'auras point d'autres Dieux devant ma face (tu ne te feras point d'image taillée pour l'adorer)*; il sera clair qu'il aura douté de l'existence de Dieu ; car, pour l'idolâtrie proprement dite, elle est moins fréquente de nos jours que l'athéisme. Le confesseur lui mettra donc sous les yeux les preuves les plus frappantes de l'existence de Dieu. Il lui fera remarquer avec quelle sagesse et quelle prévoyance tout est arrangé dans la nature; il le rendra surtout attentif aux merveilles de son propre corps et de son propre être; il lui fera sentir, en un mot, l'ordre admirable qui est empreint sur tous les objets de la création, et qui est tel, que tout esprit qui jouit de son bon sens est forcé d'y reconnaître la main du Créateur. Enfin, il y ajoutera quelques considérations sur l'immortalité, lui faisant sentir combien la foi même à l'existence de Dieu est vide et insuffisante sans ce second dogme essentiel que des hommes absurdes seuls peuvent séparer du premier. Et que nous importe donc l'existence de Dieu, si nous mourons demain ? Quant à la nature de Dieu et de l'âme, il se gardera bien de les peindre à son pénitent comme un *souffle métaphysique*, première source de tout athéisme et de tout matérialisme; mais il lui rappellera que, d'après la déclaration formelle des livres inspirés, l'homme est créé à l'*image* aussi-bien qu'à la *ressemblance* de Dieu; que l'homme demeure toujours une *intelligence servie par des organes*, dans l'existence spirituelle comme dans l'existence matérielle, et que Dieu lui-même n'est qu'*homme* dans ses *rapports* avec l'*homme*. — Le pénitent s'accusera-t-il d'avoir péché contre le second commandement : *Tu ne prendras point le nom de Dieu en vain ;* le confesseur lui peindra la grandeur et la majesté infinie du SEIGNEUR; il le lui fera considérer comme le maître et le créateur de tous ces mondes qui roulent dans l'immensité ; et par là même il fera entrer dans l'âme d'un blasphémateur inconsidéré un saint respect pour la Divinité; et celui-ci tremblera par la suite à la pensée du SEIGNEUR, au lieu de blasphémer son nom, ou même de le prononcer avec irrévérence. — Le troisième commandement : *Souviens-toi de sanctifier le jour du repos*, a-t-il été négligé par le pénitent; le confesseur expliquera les motifs qui ont porté le Seigneur, dans sa bonté divine, à nous prescrire un jour pour le délassement corporel, aussi-bien que pour le perfectionnement moral de la société; il lui fera voir que ce ne sont que les réunions civiles et religieuses qu'occasionnent les jours de dimanche, qui ont civilisé les peuples; et que la même sainte institution dans les vues de la Providence perfectionnera toujours de plus en plus la société et les individus.

— Sur le quatrième commandement : *Tu honoreras ton père et ta mère afin que tu vives longtemps sur la terre*, le confesseur fera sentir au pénitent combien les soins des parens ont été tendres et multipliés pour élever un enfant ; combien de preuves ils lui ont données de leur amour et de leur patience ; et quels droits sacrés ils ont par conséquent acquis à un retour de tendresse et à une éternelle reconnaissance. Il lui rappellera que pour des raisons semblables la société civile a acquis des droits analogues : de là le respect et l'obéissance dus aux magistrats ; de là l'amour de la patrie. Selon l'âge de la personne, le confesseur rappellera également à son pénitent quels soins les jeunes gens auront à remplir un jour, quand ils seront eux-mêmes devenus pères et mères et membres de la société. Il n'oubliera pas surtout de montrer la nécessité de remplir tous ces différens devoirs dans les vues du Créateur, du père commun, auquel les parens comme les enfans, les grands et les petits, doivent témoigner leur amour par l'accomplissement exact de tous les devoirs sociaux. — Cinquième commandement : *Tu ne tueras point.* Si le pénitent se déclare coupable sous ce rapport, le confesseur lui expliquera à combien de cas ce commandement s'étend ; car dans ce commandement il n'est pas uniquement question de la mort corporelle, mais encore de tout ce qui y conduit, comme de la haine, de l'envie, des disputes, de la colére, et surtout du *scandale* qui donne la mort à l'âme. Il lui dépeindra avec les couleurs les plus vives les suites funestes de toutes ces fautes, et les malheurs domestiques qui en résultent pour des familles entières. —Sixième commandement: *Tu ne commettras point d'adultère.* C'est surtout ce commandement qui a occasionné les abus de la confession, et qui en a pour ainsi dire aboli l'usage. Mille fois des questions indiscrètes ont précipité dans le désordre des âmes honnêtes jusqu'alors. Il n'est pas même sans exemple que les attaques les plus révoltantes soient parties de la part du confesseur lui-même, abusant de la connaissance acquise touchant les faiblesses du pénitent, et le forçant à de nouveaux crimes par la menace de révéler les crimes passés. Je pourrais prouver mon assertion par des faits, si je n'avais horreur d'entrer dans de semblables détails. C'est donc principalement à cause de cet article qu'il doit être expressément défendu au confesseur de faire aucune question. Le confesseur devra même mettre la plus grande prudence dans ses avis sur cette matière, et appuyer principalement sur les suites funestes de toute espèce de débauche, sur les maladies horribles qu'elle occasionne et la mort prématurée qu'elle amène; comme aussi sur la grandeur de la responsabilité de celui qui enseigne le vice à l'innocence, où y pousse ceux qui n'y pensaient pas, faisant ainsi perdre en un instant leur bonne réputation à ceux qui en avaient le plus besoin, et jetant quelquefois le désespoir dans des familles paisibles. Il n'est point sans exemple qu'une première faute commise par légèreté ait conduit au meurtre et à l'infanticide les jeunes gens les plus heureusement nés. Pour l'adultère proprement dit, il en sera question tout à l'heure.—Septième commandement : *Tu ne déroberas point.* Ici le confesseur expliquera de combien de manières on peut faire tort à son prochain. On peut lui ravir ses possessions, sa réputation, son crédit, son honneur. Quelquefois même le tort d'un ou deux sols peut suffire pour jeter des individus dans l'embarras et dans le crime. — Huitième commandement : *Tu ne rendras point contre ton prochain de faux témoignage.* Les suites de ces sortes de transgressions devront être détaillées. Ces suites sont d'ordinaire bien plus grandes qu'on ne pense. Quelqu'un, par exemple, fait perdre par une seule parole la réputation à une personne bien famée; il peut être cause qu'elle se traîne pendant des années dans la misère et le crime, faute de trouver de l'emploi, du crédit ou de l'ouvrage dans l'occasion. Mais c'est surtout le parjure public, et devant la justice, qui est horrible, en ce que celui qui s'en rend coupable provoque en quelque sorte Dieu lui-même à l'en punir. Ces sortes de fautes contre la réputation du prochain ne peuvent souvent être réparées par un dédit public ; la déclaration même que l'on a eu tort et que l'on s'est trompé, ne suffit souvent plus. On est obligé alors, en conscience, de faire d'autres sacrifices pour arrêter les suites du mal ; et ce n'est que par le repentir le plus sincère et les efforts les plus généreux et les plus soutenus pour dédommager convenablement les personnes lésées, que l'on peut espérer d'être pardonné. — Neuvième commandement : *Tu ne convoiteras pas la femme de ton prochain.* Au premier abord ce commandement paraît rentrer dans le sixième : le confesseur éclairé fera voir néanmoins à son pénitent qu'il en diffère beaucoup. Jamais l'adultère n'a été si fréquent que de nos jours, où les époux des différentes familles cherchent si souvent à se séduire mutuellement. Des désordres de tous les genres, des injustices et des malheurs de toute espèce, fondent sur les familles adultères. Les époux adultères sont doublement criminels ; ils le sont devant Dieu, ils le sont devant leurs enfans, ils le sont envers eux-mêmes, vu qu'ils se sont liés par les promesses les plus solennelles. Leurs transgressions se réparent difficilement dans la vie présente comme dans la vie future. De plus, les suites funestes de l'adultère s'étendent souvent sur plusieurs générations ; et les époux les plus tendres en sont les premières victimes, parce que le chagrin qui les mine les précipite de bonne heure dans la tombe. — Dixième commandement : enfin, le pénitent s'accuse-t-il d'avoir *convoité la maison*, *le serviteur*, *la servante*, *le bœuf*, *l'âne ou quelque autre chose que ce soit*, *appartenant à son prochain*, il faut que le confesseur lui explique bien toutes les fautes qui sont entendues par là. Car, quoique cette défense ne semble rentrer que dans le septième commandement, elle a un rapport étroit avec tous les autres, dont elle n'est en effet qu'une récapitulation. En terminant, le confesseur rendra son pénitent attentif à l'inconséquence inconcevable du pécheur qui se donne bien du tourment pour être en somme infiniment plus malheureux que l'honnête homme même le plus misérable, mais qui a le courage de s'abstenir de tout mal. Les inquiétudes de l'homme vicieux sont en effet sans nombre, même en supposant que le glaive de la vindicte publique ne vienne point se promener sur sa tête ; et le pauvre ouvrier, obligé de travailler jour et nuit, le mendiant lui-même, cherchant son pain de porte en porte, sont plus heureux qu'un individu enrichi par la rapine et l'injustice, qui s'est attiré le mépris et l'exécration publique, et dans le cœur duquel le ver rongeur du remords se fera sentir tôt ou tard.

La confession, remise sur ce pied, pourra devenir très-certainement une institution salutaire pour les familles et pour chaque particulier. Chaque âge, chaque condition pourra y trouver de l'instruction, de l'encouragement; et la société entière y pourra puiser des ressources incalculables pour la morale. Bien des âmes ne continuent à se livrer froidement au désordre ou aux distractions d'une vie inutile ou criminelle, que parce qu'il n'y a rien qui les réveille, qui secoue leur indolence; tandis que le pécheur le plus endurci lui-même peut être remis sur la bonne voie par un confesseur qui sait lui rendre l'estime de lui-même, et la confiance en Dieu que ses égaremens lui avaient ôtées. Sous ce rapport, la confession peut devenir plus utile même que toutes les prédications publiques. Presque toutes les sectes modernes ont supprimé la messe et la confession, faute d'en avoir pu séparer les abus : mais quel sera le protestant éclairé qui désapprouvera des usages salutaires introduits dès le berceau du christianisme par les premiers fidèles, lesquels étaient certes, pour le moins, aussi sages que nous pouvons l'être? Peut-être sera-ce à ces usages primitifs ressuscités, que la religion devra le retour de tant d'infortunés qui, aujourd'hui, sont tombés si bas, qu'il n'est pas rare de les entendre se vanter de n'avoir plus assisté depuis vingt ans, ni à aucune cérémonie du culte, ni à aucune prédication de l'Évangile. Mais, je le répète, un ecclésiastique de l'âge de trente-cinq ans, expressément instruit et exercé à la confession pratique, devra seul être autorisé à entrer dans un confessionnal, où des hommes plus jeunes et moins expérimentés ne peuvent jamais entrer sans se perdre eux-mêmes aussi-bien que ceux qui s'adressent à eux. Ce n'est pas absolument sans raison que le Sauveur du monde a dit à ses apôtres. *Ce que vous lierez sur la terre sera lié dans le ciel, et ce que vous délierez sur la terre sera délié dans le ciel.* Ces paroles doivent avoir un sens et une application. Souvenons-nous toujours que JÉSUS-CHRIST était un être identique avec le Père et avec le Saint-Esprit, et qu'en lui était cette Trinité divine et adorable dont nous devons écouter les ordres, sans trop scruter des mystères aussi incompréhensibles que sont ceux de la justification et du salut des individus.

§. XVII.

Disons encore un mot des ornemens des prêtres dans le temple. Sous ce rapport, les Catholiques et les Grecs ont conservé bien des choses qui sont en harmonie avec ce qui est dit de l'habillement des lévites et du grand-prêtre dans l'ancienne loi. Néanmoins, il est extrêmement déplacé que des ecclésiastiques s'habillent habituellement comme des femmes, et surtout qu'ils mettent du luxe et même de la galanterie dans des vêtemens qui sont principalement destinés à rappeler les circonstances cruelles avec lesquelles furent accomplis les tourmens et la mort du Rédempteur. Il en est de même des différens vases sacrés qui servent au sacrifice. La propreté seule est nécessaire sous ce rapport; l'or et l'argent massifs sont superflus, et attirent les voleurs et les profanateurs que les lois les plus cruelles n'arrêteront pas. Le meilleur serait peut-être d'ordonner que tous ces vases fussent simplement en cristal. En général, tout le temple, tant à l'intérieur qu'à l'extérieur, ne doit respirer que la simplicité et la propreté. Elles suffiront pour porter le public à respecter tout ce qui a rapport au culte, et à adorer en esprit et en vérité l'Être des êtres qui y fait sa résidence.

§. XVIII.

Nous terminerons par quelques détails sur les principales prières en usage dès les temps les plus anciens. Et ici la pratique se joindra à la théorie. La prière est l'exercice principal de tout vrai culte. Il serait aussi absurde de dire avec la prétendue philosophie que la prière est inutile, que de soutenir qu'un enfant n'a jamais besoin de rien demander à ses parens. Or, je suis persuadé que le chrétien qui n'aura récité, même qu'une seule fois le jour, quelques-unes des prières suivantes, et qui aura réglé sa conduite sur elles, aura satisfait à ses devoirs. J'en ai acquis moi-même la preuve la plus incontestable pendant quarante ans de souffrances et de persécutions qu'un triste sort m'a fait éprouver. Plus d'une fois, dans un si long intervalle, j'ai été arraché à une mort certaine, et j'ai toujours trouvé non-seulement le pain quotidien indispensable à la vie, mais même du soulagement, des consolations et de la joie dans toutes les situations sociales; ce que j'attribue particulièrement à mon exactitude à l'exercice de la prière. Et je ne doute pas qu'en continuant le même exercice chrétien je ne parvienne à une heureuse fin, et ne trouve le salut et le bonheur dans le SEIGNEUR après ma mort; biens inestimables que je souhaite également à tous les hommes, mes frères, mais dont l'acquisition dépend en grande partie d'eux-mêmes. Voici comment j'ai compris, expliqué et récité mes prières presque tous les jours de ma vie. Chacun pourra en extraire ce qu'il jugera le meilleur.

6.

L'Oraison dominicale (1). *Au nom du* PÈRE, qui par son adorable et inconcevable puissance a créé le ciel et la terre, qui a tiré du néant l'univers physique et l'univers plus immense des êtres spirituels, dont la volonté trois fois sainte y a tout arrangé avec un ordre et une sagesse si admirables; *et du* FILS, qui nous a rachétés et nous a donné toutes les connaissances nécessaires pour atteindre tous les jours à une plus grande perfection morale; *et du* SAINT-ESPRIT, qui, par le baptême de l'Église et de la grâce, nous a préparés à une vie éternelle et heureuse, un seul Dieu créateur, rédempteur et régénérateur! *Amen !*

SEIGNEUR JÉSUS-CHRIST, Dieu incarné, faites qu'un pécheur se présente aujourd'hui dignement devant vous. Je sollicite cette grâce non en vue de mes mérites, mais au nom des vôtres; et je vous adore avec une humilité profonde dans l'union du Père et

(1) C'est principalement ces prières que l'on s'est permis de traduire librement, vu la difficulté d'entasser une multitude d'images et de vérités secondaires dans une même phrase française sans la rendre traînante. Le génie de la langue allemande, qui admet une multitude d'épithètes, d'adjectifs et de phrases incidentes, a mis l'auteur à même de faire entrer encore une fois dans ces courtes prières presque toutes les vérités du christianisme, avec leurs principaux détails. Ceci a causé des répétitions qui entraient dans le plan de l'auteur, mais qui facilitaient au traducteur les suppressions qu'il s'est permises. Pour que l'on puisse mieux juger de la perfection de l'original, et pour l'usage des chrétiens à qui cette langue est familière, on a jugé à propos de placer ici en regard les prières en langue allemande.

Das Gebeth des Herrn. *Im Namen des Vaters*, der Himmel und Erde, und das ganze Universum, und Alles was darin geistig und physisch lebt und sich seines Daseins erfreuet, nach seinem allerheiligsten Willen, aus nichts erschaffen, und so kunstreicherweise zweckmæssig geordnet hat, dass es den Verstand aller Wesen übersteiget : *Und des Sohnes*, der uns belehret, erlœset und uns die moralischen Mittel in die Hand gegeben hat evig glücklich zu werden : *Und des Heiligen Geistes*, der uns durch die heilige Taufe auf eine unbegreifliche Weise geheiliget hat zum ewigen Leben, Amen!

Herr Jesu-Christ! Du Sohn Gottes! lasse mich armen Sünder vor deinem gœttlichen Angesichte würdig erscheinen, wenn Nicht durch meine, so durch deine menschlichen Verdienste, warum ich in tiefester Demuth unterthænigst bitte, Dich anzubeten mit dem Vater und dem Heiligen Geiste in der Gottheit, Die Ihr Drey nur *Eins* seyd vermœge Deiner eigenen Worten, was der grœste Bœsewicht sich nicht erfrechte zu sagen; indessen Deine ærgsten Feinde dich nicht des mindesten Fehlers beschuldigen konnten. Und ungeachtet heute noch viele schwache Menschen Dich aus einem andern Gesichtspunkte betrachten, wovon manche aus Leichtsinn ihr eigenes kleines physisches Daseyn selbst in der unermæsslichen Schœpfung, wovon sie einen ewig unzernichtbaren, vernünfigen, geistigen Theil ausmachen, der Allwissenheit Gottes zu unbedeutend achten, als dass der Allerhœchste vermœge seiner Gerechtigkeit ihre guten und bœsen Handlungen berücksichtigen sollte, Dem doch das kleinste Inseckt, und selbst die unbedeutendste Idee im vernünftigen Wesen nicht entgeht, worinn insbesonders die Grœsse des Herrn besteht, und nicht in der Darstellung

de l'Esprit saint que vous nous avez assuré n'être avec vous qu'*une même chose*. Sachant que le plus pervers de vos ennemis n'a jamais osé vous charger d'un mensonge, ni de la moindre fausseté, je me mets au-dessus des prétentions de ces êtres faibles, qui aujourd'hui vous considèrent sous un autre point de vue; et je vous reconnais pour le Dieu et le créateur du ciel et de la terre, aussi-bien que pour mon rédempteur. Comment des hommes aveugles peuvent-ils se persuader qu'un être sensible, capable de vous connaître et de vous aimer, quelque petit et chétif qu'il paraisse quant à son extérieur au milieu de ces globes incommensurables qui roulent dans l'immensité, soit oublié ou abandonné par vous? Comment peuvent-ils croire que votre justice et votre sainteté ne s'occupent en rien de la conduite morale, des vices ou des vertus de ceux dont un seul individu a plus de prix que toute la création matérielle, et qui peuvent avec vérité se dire vos enfans, vous qui prenez soin du moindre des insectes caché sous l'herbe? Comment peuvent-ils penser que leurs bonnes ou mauvaises actions vous échappent, vous qui lisez dans leur cœur et leur esprit, et qui connaissez leurs pensées et leurs sentimens long-temps avant qu'ils naissent? Comment de prétendus critiques peuvent-ils méconnaître ou nier votre apparition en corps sur notre terre, quand il est constant que sur tous les globes

der unzæhligen Weltkœrper, die dort im Raume wogen,
im Unbewustsein ihres Daseyns, blos als Mittel zur Errei-
chung des gœttlichen Entzweckes, und von Welchem Alles
in der Ganzen Schœpfung bis auf das kleinste stæubchen
gezæhlet und genau berechnet ist. Menschen von Kritick,
die nicht wollen erwegen, dass es Gott, vermœge seiner
Allmacht und Barmherzigkeit leicht mœglich ist, in jedem
der millionen von uns bekannten und unbekannten Weltkœrper eine Person, auf eine nich weniger wunderbare
Weise, als die ersten Menschen und alle Geschœpfe auf
diese Erde zupflanzen, und das ganze Universum zubeleben,
von seinem unbegreiflichen Wesen, Macht, Kraft, und
Weisheit durchdrungen, erscheinen zu lassen, wo die hœ-
here Bestimmung seiner vernünftigen Geschœpfe es erhei-
schet; aber nicht um so schændlich misshandelt zu werden,
wie es dir, ô du mein Jesu! von der Bosheit durch die
Ungerechtigkeit der Menschen geschah. Und wenn alle
Kriticker dieser Erde Dich, ô du mein Jesu! læsternd ver-
kennen moegten, so bekenne ich dich vor der ganzen Welt
als den Wahrhaften Sohn des lebendigen Gottes, vermœge
Deiner gœttlichen Lehre, wodurch Du uns die nœthige
Aufklærung gegeben hast, über die Gottheit, Deinen allerheiligsten Willen, und über unsere kunftige Bestimmung,
was den Verstand aller Weltweisen unendleich übersteigt;
ungæchtet man dich, ô du mein Jesu! erniedrigen, und
schwache Menschen über Dich 'erheben will. Da der unter
andern von heutigen schwachen Weisen so hochgepriesene
wenig bekannte Sokrates, als der weiseste der Vorzeit, der
doch auch deinen Gœttlichen Offenbarungen eben so mit
Sehnsucht entgegen sah, wie Alle seines gleichen, und alle
jene, welche sich noch heute Weise wæhnen, m Vergleiche

habités, il vous est aussi facile de donner une naissance immédiate à une personne, qu'il vous a été
facile de créer le premier homme; quand la philosophie elle-même est forcée d'avouer qu'il ne vous est
possible de sortir de votre première et invisible essence, qu'en vous constituant personnellement présent devant l'homme? Quoiqu'il soit toujours vrai,
ô mon adorable SAUVEUR, qu'en venant sur notre
terre pour nous donner des idées plus justes sur la
destinée de l'homme, notre perversité seule ait été
cause que l'on vous ait persécuté d'une manière aussi
épouvantable, et que l'on vous ait fait subir une
mort aussi ignominieuse. Oui, SEIGNEUR, quand
tous les humains blasphémeraient votre nom et
maudiraient votre mémoire; quand tous les savans,
niant tous les faits historiques dès qu'ils contrarient
le moins du monde les systèmes qu'ils se sont for-
gés, s'accorderaient à révoquer en doute jusqu'à
l'existence d'un homme qui a porté votre nom sur
notre terre, je vous reconnaîtrais et vous adorerais
encore comme le Dieu vivant et véritable, comme
le Dieu créateur et rédempteur; et je recevrais avec
la plus profonde reconnaissance et votre doctrine
et vos exemples divins, sûr qu'en entrant dans
toutes les vues de votre sagesse et de votre bonté,
je ne pourrai manquer de parvenir à l'éternel bonheur. Qu'ils disparaissent donc à jamais ces prétendus sages, qui ont voulu vous comparer à cet

mit dir, ô du mein Jesu! wie Finsterniss gegen das Licht erscheinen. Vermoege Deinen übernatürlichen unbegreiflichen Thaten blos zum Wohle der leidenden Menschheit; als unter andern : Wasser in Wein zu verwandlen; Blinde sehend, Taube hœrend, und Lahme gehend zu machen; alle Kranckheiten und Gebrechlichkeiten der Menschen durch ein Wort zu heilen. Todte selbst aus dem Grabe wieder zum Leben zu erwecken; die Gedancken der Menschen zu kennen; auf den Wasserwogen einher zugehen, und den Stürmen zu gebiethen, die Deiner Stimme gehorchten, Wiederholt viele tausend hungeriger Menschen in der Wüste mit so wenig Nahrungsmitteln zu speisen und zu befriedigen, dergestalt, dass nach der Sammlung der Ueberreste, mehr, als bey der Austheilung vorhanden war; was aller Menschen Macht unendlich übersteiget, ungeachtet man wehnet durch Magnetism, Chemie, Astronomie und andere Wissenschaften so tief in die Geheimnisse der Natur gedrungsen zu seyn, indessen man bey allen Kentnissen nicht einmal weiss die Temperatur, eine alltægliche Erscheinung mit etwas Genauigkait im Voraus zu bestimmen. Vermœge Deiner himmlischen Verklærung auf dem Berge, wo Deine Jünger wæhnten, schon nicht mehr glücklicher werden zu kœnnen, und alldort auf immer in Deiner Gœttlichen Anschauung zu beharren wünschten. Vermœge Deiner wunderbaren Wiederauferstehung und gloreichen Himmelfarh, was alles tausendfach stærker bestætiget ist durch die verschiedenen Schriften der aufrichtigsten, uneigennützigsten Mænner, selbst durch ihr Blut und Leben; als irgend eine Begebenheit der Geschichte der Vorzeit, wo man Manchem oft so leichtsinnig beipflichtet, indessen man hier Alles durch Leugnen beseitigen mœgte, wenn es mœglich wære.

ancien Socrate dont la philosophie n'était qu'un
pâle reflet de la lumière que vous avez apportée au
monde; philosophie, malgré cela, qui a suffi à ce
sage pour lui faire pressentir la nécessité d'un Instituteur céleste! Votre vie, comme vos enseignemens,
sont comme la lumière du soleil en présence des
ténèbres, quand on les compare avec tout ce que la
nature humaine a produit de plus parfait, même
en faisant abstraction de cette vertu inconcevable
par laquelle vous saviez agir sur la nature et guérir
les maux de l'humanité souffrante; par laquelle
vous changiez subitement l'eau en vin; par laquelle
vous rendiez miraculeusement la vue aux aveugles,
l'ouïe aux sourds, l'usage de leurs membres aux
paralytiques; par laquelle vous ressuscitiez même
les morts, changeant à votre gré toutes les lois de
la nature physique, marchant sur les eaux, com-
mandant en maître à la mer et à la tempête, nour-
rissant des milliers de personnes avec un peu de
pain, et faisant que les restes de ceux qui avaient
été rassasiés étaient plus considérables que la quan-
tité de nourriture qui leur avait été distribuée.
Qu'ils disparaissent et soient couverts de honte,
tous ces savans, qui, entrevoyant à peine un petit
nombre des secrets de la nature, par l'étude de la
chimie, de l'astronomie, du magnétisme ou d'autres sciences, osent parler avec tant de légèreté de
votre personne adorable, et de cet Évangile qu'il

Herr, verzeihe den verkehrten im Verstande! Vermœge Deiner eigenen Worten, der Du uns unmœglich betrügen konntest, in dem Du nichts zu *Deinem* sondern Alles blos zu unserm Wohle thatest. Und endlich besonders, vermœge Deines bittern, martervollen Todes, dem Du Dich in der schoensten Bluthe Deines Lebens geduldig unterzogest, und doch so leicht entgehen konntest, da die Bosheit der Menschen es beschlossen; als das hœchste Pfand, das ein Frevelender Mensch von Dir fordern kœnnte zur Bestætigung der Wahrheit. Und ich bete Dich an mit dem Vater und dem Heiligen Geiste in der ewig unbegreiflichen allerheiligsten Dreyeinigkeit, und sage wie du uns gelehret hast : *Vater unser, Der du bist im Himmel,* der Du mit dem Sohne und dem Heiligen Geiste Einer und der Næmliche bist! Dich allein bete ich an, als meinen Vater und Erhalter. *Geheiliget werde Dein Name !* von allen vernünftigen Kreaturen der ganzen Schœpfung. *Zukomme uns Dein Reich,* wo Glückseligkeit, Friede und Uebereinstimmung Herschen, und Hass, Neid, Verfolgung, und alles Ungemach verbannet Sind. *Dein Wille geschehe wie im Himmel also auch auf Erden;* Das ist, dass wir Dich lieben über Alles und unsern Næchsten wie uns selbst, und dass wir ewig glücklich werden durch die Befolgung der heiligen Lehre Deines gœttlichen Sohnes. *Gieb uns heute unser tægliches Brod :* und ich dancke Dir von ganzem Herzen für das, welches ich bis Jetzt durch Deine Gnade, villeicht unwürdigerweise empfangen und genossen habe. *Vergieb uns unsere Schuld,* die wir uns tæglich zuzichen durch die Uebertretung oder Unterlassung einer oder der andern unserer Pflichten; *so wie auch wir vergeben unsern Schuldigern,* ohne dies uns nicht von Dir vergeben wird. Und vorzüglich zum Dancke für deine guten

ne leur fut jamais donné de bien comprendre; qu'ils tombent à genoux et vous adorent avec vos vrais disciples, si heureux de vous voir revêtu du soleil sur le Thabor, et croyant déjà que c'était là la félicité suprême; qu'ils vous adorent surtout en vous voyant expirer sur la croix, ayant sur les lèvres ces paroles : *Père, pardonne-leur, ils ne savent ce qu'ils font*; et en vous voyant ressusciter glorieux le troisième jour, pour monter au trône de votre gloire éternelle dont vous n'étiez descendu que pour le bien être moral de vos enfans égarés : autant de faits qui sont mille fois mieux constatés que tous ceux que l'histoire raconte, puisqu'ils ont été soutenus par des témoins qui se sont fait égorger, circonstance unique et qui n'a accompagné aucun des faits de l'histoire profane, au point qu'il est douteux que les incrédules modernes méritent autant d'indulgence que ces anciens persécuteurs et meurtriers de l'Homme-Dieu qui n'avaient reçu aucune éducation et n'étaient que les instrumens aveugles du crime. Pour moi, en vous conjurant de pardonner à tous ceux de mes frères faibles et à plaindre, qui sans doute vous reconnaîtront plus tard, et en vous remerciant de m'avoir éclairé moi-même de bonne heure sur la vraie foi, j'ose vous dire et avec humilité et avec amour : *Notre Père, qui êtes aux cieux* : Vous, SEIGNEUR JÉSUS-CHRIST! vous seul, que j'adore à la fois comme

Gaben, die wir tæglich von Deiner Gnade empfangen, vergeben wir auch unsern ærgsten Feinden, dennen Du, mein
Gott! auch vergeben mœgest, wenn Du sie nach Deiner
strengen Gerechtigkeit richtest, damit sie nicht dereinst ihre
Ungerechtigkeit wider uns vor der ganzen Welt zu ihrer
Beschæmung im ewigen traurigen Schmerze œffentlich bekennen müssen sofern sie nicht von ihren Irthümern zurück
treten. Und lass uns nicht, o Herr! ihrer Bosheit unterlie-
gen; Wir vergeben ihnen nach dem Beyspiele Deines gœttlichen Sohnes im Augenblicke des schmerzlichsten Todtes am
Kreütze, wo er für seine Feinde und auch für seine grausa-
men Mœrder bat, indem er sagte : Vater! vergieb ihnen,
denn sie wissen nicht was sie thuen. Si waren verstockte
Juden und Heiden, rohe Knechte, die einiger Nachsicht
verdienen mochten, und keine erlauchten Christen, die es
schwer verdienen würden. Die erhabenste Bitte, welche
wenig Menschen fassen und gründlich beherzigen, in dem
sie nicht erwægen, dass sie nur ein Gott-Mensch vermochte
im shaudervollsten Augenblicke des grausamsten Todes am
Kreitze, an Næglen hangend, die seine heiligen Glieder
an Hænd und Füssen zerrissen bis er den Geist auf gab.
O welt! und alle Weisen dieser Erde, die ihr es fassen
kœnnet!! wer Anders, als ein Gott-Mensch, vermœgte in
einem æhnlichen schauervollen und schmerzhaften Zustande
für seine Todfeinde zu bitten !!! — *Und lass uns nicht in*
Versuchung fallen, durch die vielfæltigen Anfechtungen,
denen wir ausgesetzt sind durch die Widersacher Deiner
gœttlichen Religion und selbst der Gottheit. Herr! erleuchte
die Blinden im Geiste, und verzeiche den Boshaften im
Verstande! *Sondern erlœse uns von dem Uibel*, durch unsern Herrn Jesum Christum deine Menschwerdung, *Amen!*

créateur, comme-Sauveur, et comme sanctificateur! *Que votre nom soit sanctifié*; que toutes les créatures raisonnables de l'univers vous reconnaissent. *Que votre règne arrive*, ce règne de paix, d'harmonie et de bonheur, où la haine, la jalousie et la persécution seront inconnues. *Que votre volonté soit faite sur la terre comme au ciel;* que tous les hommes vous aiment par-dessus toutes choses, et qu'ils s'aiment entre eux pour le bonheur temporel et éternel de l'universalité des êtres. *Donnez-nous aujourd'hui notre pain quotidien :* mais avant, Seigneur, nous vous remercions de tout notre cœur de celui que vous nous avez fait goûter jusqu'à ce jour, quoique nous en ayons été indignes. *Pardonnez-nous nos offenses comme nous pardonnons à ceux qui nous ont offensés :* hélas! nous vous offensons tous les jours en mille manières, par la transgression de l'un ou de l'autre de vos commandemens; il est bien juste que nous pardonnions à nos ennemis, pardon sans lequel nous ne pouvons espérer de rentrer en grâce avec vous. Nous vous prions de leur pardonner également, au nom de vos souffrances sur la croix, toutes leurs injustices et leurs persécutions, afin qu'au jour de la rétribution ils n'aient point à rougir devant la terre et le ciel. Nous vous prions surtout de leur pardonner au nom des bienfaits dont vous ne cessez de nous combler tous les jours,

Der Englische Gruss. Als die zeit herannahte, wo die Gottheit beschlossen, die verirrte und so tief gefallene menshliche Vernunft, dass sie Ihr unter allen unschicklichen, auch sogar die unschuldigsten' lebendigen Menschen zum Opfer brachte, ins besondere zu belehren und aufzukl aeren, wie wir Sie anbeten und Ihr würdig dienen sollen : So sandte Sie Ihren Eugel zu der reinsten und weisesten Iungfrau dieser Erde, ihr zu verkündigen, was in ihr vorgehen werde, um nach Ihrer himmlishen weisheit alle zweideitigen Zweifel in Jhr zu heben, welche sie über ihren künftigen, geheimnissvollen, geheiligten und gesegneten Zustand Hætte hegen kœnnen. Und als der Engel vor Maria erschien, sprach er mit grœster Erfurcht folgende inhaltsvolle Worte : *Gegrüsset seyst du, Maria, du bist voll der Gnade, der Herr ist mit dir;* und er wird daher auf die wunderbarste Weise einen Sohn in dir bewirken zum Heile der Welt, nach den Aussagen der Propheten und vermœge des himmlischen Rathschlusses des Vaters, des Sohnes und des Heiligen Geistes, über die verirrten Bewohner dieser Erde. Und die Iungfrau sprach unter andern diese wenigen Worte, voll der erhabensten Weisheit : *Sehe ich bin eine Dienstmagd des Herrn,* (das heist, mit Leib und Seele in seinen allerheiligsten Willen ergeben) *mir geshehe nach deinem Worte. Und das Wort ist Fleischworden' und hat unter uns gewohnet.* Eine prophezeihete, und daher von der Vorwelt so allgemein erwartete, übernatürliche Begebenheit, dass selbst die Religionsgenossen verschiedener heidnischer Seckten sich derselben rühmten, zum Aergernise mancher heutigen schwachen Weisen, welche die gœttliche Religion durch Leugnen beseitigen mœgten, wenn es mœglich wære, Sey sie auch auf das stærkste bestætiget von allen

quelque ingrats et criminels que nous nous montrions souvent à votre égard. Faites, SEIGNEUR, que tous les philosophes et les sages de l'univers, qui savent combien coûte à la nature le pardon des injures, faites que tous les hommes, considérant votre pardon exemplaire au moment de la plus terrible des agonies, comprennent que votre *bonté n'était point la bonté d'un simple mortel. Ne nous laissez point tomber en tentation,* au milieu des épreuves sans nombre de cette vie, et surtout au milieu des ennemis de votre religion et de votre divinité. Eclairez, SEIGNEUR, tous les aveugles d'esprit et les méchans d'intention. *Mais délivrez-nous du mal,* par les mérites et l'efficacité de votre incarnation. *Amen!*

La Salutation angélique. Quand le moment fut venu, où la divine Providence avait résolu de relever la raison et la volonté humaines d'une chute assez déplorable pour faire offrir aux hommes les plus lamentables victimes, et leur faire sacrifier leurs semblables dans la vue d'apaiser le ciel; quand le Créateur voulut éclairer le genre humain sur sa véritable vocation et dissiper les ténèbres qui voilaient ses destinées immortelles, il envoya un messager céleste à la plus pure et à la plus innocente des vierges, afin de l'avertir du mystère ineffable qui devait s'opérer en elle, et lever d'avance les doutes et les inquiétudes de l'état miraculeux

Begebenheiten der Vorzeit, indem sie ihren leichtsinnigen Leidenschaften nicht entspricht, und nicht erwegen, dass sie sich derselben unterziehen müssen, sofern sie evig glücklich werden wollen. Und die heilige Elisabeth war die erste unter allen Sterblichen, welche durch besondere Erleuchtung von Gott, dies erhabene Wunder erkannte, das den Verstand aller Weltweisen eben so übersteiget, wie der Ursprung und der künstliche zweckmæssige Zusammenhang der ganzen Schœpfung, und Sagte bei dem heiligen Besuche zu Maria: *Du bist gebenedeyt unter den Weibern, und gebenedeyt ist die Frucht deines Leibes, Jesus! Heilige Maria, Mutter Jesu!* du Ursache unseres Heils, gedencke da du mit freüden vollem Herzen sagtest: *Meine Seele machet gross den Herrn und Froloket in Gott! Bitte für uns Sünder,* mit allen Heiligen, die sich mit dir im Reiche des himmlischen Vaters erfreuen bis in Ewigkeit, *Jetz, und vorzüglich in der stunde unseres Absterbens,* zum Troste und zur Stærkung in jener traurigen, schauer und schreckenvollen Stunde, die unser Aller erwartet, damit wir nach dem Hinscheiden zu Euch gelangen mœgen, durch deinen lieben Sohn, unsern Herrn Jesum Christum, Amen!

Der Glaube eines wahren Christen. *Ich glaube an Gott den Vater, allmaechtigen Schœpfer Himmels und der Erde,* alles Sichtund Unsichtbaren; an die Nothwendigkeit einer von Gott geoffenbarten Religion, wegen dem tiefen Fall des Meschen bis zu Menschen-opfer; und dass der Allerhœchste, vermœge seiner himmlishen Weisheit der Welt dieselbe in der That verliehen hat zum Heile der Selben, indem Gott nichts in seiner Schœpfung unterlæst, was sogar die schwache Vernunft als nothwendig erkennet: *An Jesum Christum seinen Eingebornen*

dans lequel elle devait entrer à l'occasion de l'incarnation volontaire de l'Être des êtres, apparaissant au milieu de ses créatures comme l'une d'entre elles, afin d'établir avec elles des liens éternels d'amour et de reconnaissance et afin de leur donner tous les exemples et toutes les consolations dont elles avaient un si grand besoin. Ce messager donc lui dit avec un saint respect : *Je vous salue, ô pleine de grâces, le* SEIGNEUR *est avec vous. Voici, vous aurez dans votre sein, et vous enfanterez un Fils auquel vous donnerez le nom de* JÉSUS, *ou de* SAUVEUR, *car c'est lui qui délivrera les peuples de leurs péchés.* Et cette vierge, nommée Marie, répondit : Voici, *je suis la servante du* SEIGNEUR, *qu'il me soit fait selon sa volonté.* Et au même instant *la parole a été faite chair et elle a habité parmi nous, pleine de grâce et de vérité.* L'annonce d'un libérateur céleste avait été si formelle dans les prophéties de l'ancienne loi, que même chez plusieurs nations païennes l'attente des hommes de bonne volonté était devenue générale. Sainte Élisabeth, une femme simple et craignant Dieu fut la première qui reconnut un mystère si ineffable, et qui surpasse si fort l'intelligence de tous les sages de la terre, sages qui voudraient anéantir tous les documens de l'histoire quand ils contrarient tant soit peu les plans qu'ils ont adoptés, mais qui, malgré qu'ils en aient,

Sohn *unsern Herrn*, der uns diese gœttliche Religion geoffenbaret und mit seinem Blute und Leben bestætiget hat : *Der empfangen ist durch die besondere Willensmacht des himmlishen Vaters, gebohren aus Maria der Iungfrau;* auf die schændlichste Weise verurtheilt, auf die grausamste Art *gelitten unter Pontius Pilatus, gekreitziget, gestorben und begraben; abgestiegen zu der Hœlle zur Befreyung der Seelen der Gerechten der Vorwellt; am ditten Tage wieder auferstanden von den Todten,* nach dem Zeignisse aller heiligen Ewangelisten, und diese, Eine der erhabensten Wahrheiten unserer gœttlichen Religion, durch das Blut und den Martertod seiner Freunde und Bekenner so vielfach bestætiget, dass es dem vernünftigen, unbefangenen Manne für aufrichtige Wahrheit keinen Zweifel übrig læsst, cifere auch die ganze Welt mit aufgebrachten Scheinwidersprüchen dawider. *Aufgefahren gen Himmel, wohnet und regiret dort im Vater und im Heiligen Geiste; von dannen Er kommen wird zu richten die Lebendigen und die Todten,* nach dem Untergange oder nach der Zerstœhrung dieser Erde, deren sie shon so viele erlitten hat, vermœge ihren inneren Zeignüssen, und daher deren noch erleiden kann und sichtbarlich erleiden wird. *Ich glaube an den Heiligen Geist,* der Ein-und der Næmliche ist mit dem Vater und dem Sohne in der evig unbegreiflichen allerheiligsten Dreyeinigkeit. *An die heilige allgemeine Christliche Kirche; an die Gemeinschaft der Heiligen,* mit Gott, unter sich und mit uns, zu unserm Nutzen, und dass wir sie daher verehren und anruffen kœnnen um Hülfe in unsern Nœthen; *an die Vergebung der Sünden,* nach einer herzlichen Reue, anstændigen Beichte, und mœgligchen Genugthuung für dieselben. *An die Auferstehung in einem verklœrten*

ne pourront jamais être éternellement heureux qu'ils ne soient revenus à la simplicité d'une foi d'autant plus divine qu'elle est plus près de nous. C'est pourquoi sainte Elisabeth dit à Marie, lors de la visite qu'elle lui fit : *Vous êtes bénie entre toutes les femmes, et béni est le fruit de vos entrailles.* C'est donc avec raison aussi que nous pouvons ajouter avec toute l'Eglise primitive : *Sainte Marie, mère de Jésus,* souvenez-vous des paroles admirables que vous avez prononcées dans votre allégresse : *Mon âme exalte le Seigneur, et mon esprit tressaille au souvenir de son nom.—Priez pour nous, pauvres pécheurs,* avec tous les esprits bienheureux qui triomphent avec vous éternellement. *— Maintenant et à l'heure de notre mort,* afin qu'après avoir subi cette transformation terrible qu'il nous est nécessaire de subir avant que nous puissions vivre heureux dans les cieux, nous arrivions enfin en la sainte présence de JÉSUS-CHRIST votre Fils, Dieu Créateur, devenu aussi notre Rédempteur. *Amen!*

Le symbole de foi du vrai chrétien.—Je crois en Dieu le Père tout-puissant, Créateur du ciel et de la terre, des choses visibles aussi-bien que des invisibles; je crois à la nécessité d'une religion révélée, religion que, dans sa bonté et sa sagesse infinie, le Créateur nous a en effet accordée; je le crois parce que la raison éclairée reconnaît elle-

Leibe zum ewigen Leben, wovon uns Christus das Beyspiel
gegeben hat, da Er nach seiner gloreichen Auferstehung
bey verschlossenen Thüren unter seinen erschrockenen und
zaghaften Iüngern und Freunden erschien, um sie zu trœs-
ten, und mit ihnen ass und sich berühren liess, um sie von
Seiner Auferstehung im Fleische unwidersprechlich zu über-
zeigen, wodurch sie allein wieder aufgemuntert wurden
seine himmlishe Lehre so viel als mœglich auf Erden zu ver-
breiten und mit ihrem Blute und Leben zu bestætigen..

Jeh glaube, dass kein Christ befugt ist irgend einen Menschen wegen fremden Religions-meinungen zu verfolgen,
vielweniger zu verdammen; sondern dass es unsere Pflicht-
ist jeden Menschen von Herzen zu lieben, und ihm wo
mœglich in der Noth beyzustehen. Aber auch, dass kein
Mensch, welcher Kenntniss von der chrislichen Religion hat,
oder ihr hartneckig widerstrebet ohne sich zu derselben-
zu bekennen, volkommen selig werden kann; und dass alle
Christen gleich und einig in ihren Glaubenslehren seyn und,
so viel als mœglich in ihrem œffentlichen Gottesdienste über-
einstimmen sollen, ohne welches keine Gemeinde sich in
der Warheit christlich nennen kann; weil in der Uibereinstim-
mung im Guten das wahre Christenthum besteht; besonders
bey der Darbringung des unblutigen Opfers des Altars von
Christo selbst eingesetzet zur Verdrengung aller unschicklichen Opfer; so wie es von den ersten Christengemeinden ver-
anstaltet wurde, und noch heute befolgt wird bey der heiligen Messe, die nie mit zu viel Pomp' und anständigem
Zeremonielle begleitet werden kann, zur Anbetung unseres
Herrn, zur Glorie und Errinnerung seines bitteren Leidens
zu unserm Troste, und zur Aufmunterung der Glæubigen.
— Vater! erhalte und stærke mich in diesem meinem

même que, sans un secours extraordinaire du ciel, la volonté aussi-bien que l'esprit humain, n'eussent jamais pu se relever. *Et en* JÉSUS-CHRIST *son fils unique, notre Seigneur*, lequel nous a révélé cette religion divine et l'a scellée de son sang. *Qui a été conçu de Saint-Esprit*, c'est-à-dire, qui a été conçu par la puissance et la volonté créatrice de la sainte et adorable Trinité. *Qui est né de la vierge Marie;* qui a été condamné par le jugement le plus inique et *qui a souffert* la mort la plus épouvantable *sous Ponce-Pilate; qui a été crucifié, est mort et a été enseveli; qui est descendu aux enfers* pour ouvrir la voie des cieux aux justes de l'ancien monde; *qui, le troisième jour, est ressuscité des morts*, pour donner à tous les hommes une preuve irréfragable de l'immortalité; fait qui a été tellement constaté par le témoignage de ses apôtres, et de ses premiers adhérens, souffrant eux-mêmes tous les martyres et tous les genres de mort pour maintenir leur déposition, de manière que l'aveuglement et la folie peuvent seuls les révoquer en doute; *qui est monté aux cieux, où il règne* dans *le Père et le Saint-Esprit, jusqu'à ce qu'il vienne juger les vivans et les morts*, en d'autres termes les *bons* et les *méchans*, au moment d'une nouvelle restauration ou transformation de notre univers. *Je crois au Saint-Esprit*, qui est un Être identique avec le Père et le Fils, vu que ce dernier

Glauben bis in den Tod, wie deine Apostel und die ersten Christen, durch deinen lieben Sohn, unsern Herrn Jesum Christum deine Menschwerdung, Amen!

DIE ZEHNGEBOTHE GOTTES. I' *Ich bin der Herr dein Gott, du sollst keine fremde Gœtter neben mir haben, und kein geschnitztes Bild machen dasselbe anzubetten.* Mein Gott! gieb mir die Gnade, damit ich nicht durch Geitz, Hab-und Ehrsucht, die einzigen Gœtzen eines Christen, noch durch Armuth, je dahin verleitet werde Eins deiner heiligen Gebothe zu übertreten. II' *Du sollst den Namen Gottes nicht vergeblich fuhren.* O Herr! sollte ich je deinen allerheiligsten Namen in Leichtsinn nennen, se verzeihe es mir, dessen ich mich nicht anders als mit Ehrfurcht und Zittern errinnere, wenn ich an deine Grœsse, Erhabenheit und Allmacht gedenke, wodurch du uns das unermessliche Weltall so zweckmæssig, vorsichts, und absichtsvoll mit allem was es enthælt vor Augen gestellet hast, so, dass jeder vernünftige Mensch dein gœttliches, weises lebendiges gütiges Daseyn dadurch erkennen kann. III' *Du sollst den Sabath heiligen.* O Herr! verleiche mir die Stærke und Kraft in sechs Tagen immer so Viel zu erübrigen, dass ich Dir den siebenten zu deiner Glorie und nach deinem gœttlichen Befehle heilige, mich deiner Gnaden und Wohlthaten ins besondere zu errinnere, Dir herzlich dafür zu dancken um Neuer würdig zu werden. IV' *Du sollst Vater und Mutter ehren aufdass du lang lebest auf Erden.* Mein Gott! durch die aufrichtige Liebe zu meinen guten besorgten Eltern, vorzüglich in meiner Jugend; als die Werckzeuge, wodurch Du mir das vernünftige Dasein in der Schœpfung gegeben hast, kann ich Dich am besten überzeugen, dass ich dich aufrichtig liebe, ohne welcher Liebe ich in Allem als ein lügenhafter Sünder vor deinem gœttlichen Ange-

est un Être unique en qui est la divine Trinité tout entière. *Je crois à l'Église chrétienne univer-selle*, répandue chez toutes les sectes où se rencontrent des chrétiens véritables; *à la communion des saints*, lesquels peuvent être invoqués, puisqu'ils peuvent toujours nous être utiles au moral, et même au physique, par leur intercession, quoique passés au monde spirituel; *à la rémission des péchés*, lesquels peuvent nous être remis si nous nous attachons de tout notre cœur au Dieu rédempteur, et si notre conversion devient sincère et irrévocable. *Je crois à la résurrection des morts*, dans un corps glorifié, qui, en aucun cas, ne peut participer à la corruption et à l'anéantissement; phénomène dont JÉSUS-CHRIST nous a donné la preuve en apparaissant au milieu de ses disciples les portes étant fermées, quoique, pour lui, son corps matériel même fût glorifié, puisqu'il ne fut plus retrouvé sur la terre. *Je crois*, par conséquent, *à une vie éternelle* après la vie courte et passagère de cette terre d'épreuve et de préparation. O Dieu, fortifiez-moi dans cette foi. *Amen !*

Mais, si telle est ma foi ferme et inébranlable, si je suis sûr, comme de ma propre existence, que, sans une telle connaissance du SEIGNEUR, la félicité est une chose métaphysiquement impossible pour toute créature intelligente, je n'en suis pas pour cela moins fortement persuadé de l'absurdité

sichte erscheinen mœgte. V' *Du sollst nicht toedten.* Herr! be-
hüte und beschütze mich und alle Menschen , vor jedem di-
recten und indirecten Todschlage, und besonders vor Mœr-
derey, deren, Leider! so Viele unnütz in der Welt geschieht,
der Habsucht , dem Stolze und der falschen Ehrsucht zu ge-
fallen, der Menschheit zur Schande. VI' *Du sollst nicht Ehe-
brechen.* O Herr! verleihe uns die Gnade alle Versprechungen
und Schwüre vor deinem gœttlichen Angesichte , in Erfüllung zu bringen; vorzüglich jenen, welchen der Mensch Dir
ablegt beym Eintritte in die Ehe, ohne welches kein Ehstand
gesegnet ist, wie wir es, Leider! tæglich durch unhzæhlige
Beyspiele bestætiget sehen. VIII' *Du sollst nicht stehlen.*
O herr! gieb mir die Gnade alle falschen Begierden in meinem Herzen zu ersticken, die sich darin regen kœnnten, das
Gut meines Nebenmenschen auf eine Ungerechteweise an
mich zu bringen; und sollte ich je Einem meiner Mitmen-
schen den mindesten Schaden zugefüget haben; so bitte ich
um die Gnade in den Stand gesetzt zu werden, ihn zu ver-
güten, da ich weiss, dass auch eines Heller Werth in gewissen
Fællen eine Todsünde über uns bringen kann. VIII' *Du sollst
kein falsches Zeugniss geben wieder deinen Nœchsten.*
Herr! gieb mir die Gnade, dass ich meine Zunge immer in
meiner Gewalt habe, um nichts Falsches wider meinen Nebenmenschen zu reden ihm zu schaden, viel weniger deinen
allerheiligsten Namen œffentlich anzurufen zu seinem Verder
ben, wodurch ich mein eigenes ewiges Todes-Urtheil selbst
ausprechen mœgte. IX' *Du sollst nicht begehren deines
Nœchsten Weib.* Herr! verleihe mir Die Stærke alle unzeitigen
Begierden in meinem Herzen zu ersticken , wodurch ich Ungerechtigkeit und Zwiespalt in der Ehe meines Næchsten stif-
ten kœnnte, wodurch man sich einer doppelten Ungerech-

qu'il y a qu'un chrétien veuille juger et condamner son frère au nom de l'Évangile, et le persécuter au nom de la charité; tout vrai disciple du Sauveur du monde étant d'autant plus obligé d'aimer et de secourir son frère, qu'il le voit ou qu'il croit le voir plus égaré et plus éloigné de la vérité et du bonheur. Toutefois, les autorités compétentes, c'est-à-dire, les monarques chrétiens, doivent-ils faire tous leurs efforts pour qu'il y ait toujours le plus d'uniformité possible dans le culte comme dans les croyances de leurs subordonnés; parce que rien n'est plus contraire au bon ordre, à la paix publique, et à la prospérité du christianisme, que les schismes et les divisions qui conduisent toujours infailliblement à la haine, et souvent aux persécutions les plus sanglantes, comme l'histoire le témoigne, hélas! depuis trop long-temps, à la honte de toute la chrétienté. C'est principalement l'harmonie dans le bien qui constitue le christianisme. Le sacrifice non sanglant, substitué par JÉSUS-CHRIST à tous les sacrifices horribles de l'antiquité, est le premier signe de ralliement, et l'on ne saurait mettre trop de solennité dans la célébration d'un mystère si capable de réveiller la foi et la charité des fidèles, ainsi que le prouve l'histoire des premiers chrétiens dès le temps des Apôtres.

Les dix commandemens. I. Je suis le SEIGNEUR ton Dieu; tu n'auras point d'autres

tigkeit schuldig macht, und Flüche durch Generationen über sich bringen kann, die schwer in dieser und jener Welt vergeben werden. X: *Du sollst nicht begehren deines Næchsten Haus, Acker, Knecht, Magd, Ochsen, Esel, noch Alles was sein ist.* Mein Gott! gieb mir die Gnade, dass ich alle deine heiligen Gebothe in genaueste Erfüllung bringe, was ich hoffe; weil es leichter ist, als dawider zu handeln, damit ich dereinst vor deinem gœttlichen Angesichte würdig erscheinen mœge durch deinen lieben Sohn unsern Herrn Jesum Christum deine Menschwerdung, Amen.

Venn man diese gebethe tæglich einmal mit Nachdencken betet, und darnach handelt, so hat man genug gebetet, und ist ein guter Christ, etc. etc. etc.

Dieux devant ma face, et tu ne te feras point d'image taillée pour l'adorer. O Dieu! faites-moi la grâce de ne jamais être conduit à transgresser aucun de vos commandemens, soit par l'avarice, l'égoïsme, l'ambition, les vraies idoles des temps modernes, soit par l'indigence et la pauvreté qui sont également une source de désordres et de péchés. II. *Tu ne prendras point le nom du SEIGNEUR ton Dieu en vain, car je ne tiendrai pas pour innocent celui qui aura pris mon nom en vain.* O Dieu! s'il m'est arrivé quelquefois de prononcer votre nom adorable avec peu de respect, faites que je me rappelle incessamment votre grandeur infinie, et cette majesté terrible que vous avez imprimée à toute la création au ciel et sur la terre, création toutefois qui n'est qu'un pâle reflet de la gloire éternelle qui environne votre Être. III. *Souviens-toi de sanctifier le jour du repos.* Faites, ô mon Dieu! que j'aie toujours assez de force et de santé pour m'assurer, par six jours de travail, assez de ressources et de loisir au septième jour, pour que je puisse le consacrer tout entier à votre gloire et au perfectionnement moral de mon être, conformément à votre sainte et paternelle volonté. IV. *Honore ton père et ta mère afin que tu vives long-temps sur la terre que ton Dieu te donne.* C'est par l'amour tendre envers les auteurs de mes jours, ô mon Dieu! et par

la reconnaissance que je leur témoignerai pour le
don de la vie naturelle et les soins qu'ils ont eus
de mon enfance, que je vous prouverai le mieux
à vous-même l'amour et la reconnaissance que
m'auront inspirés vos bienfaits immortels ; faites
donc, SEIGNEUR, que je ne manque jamais à un
devoir aussi sacré que celui de l'amour des auteurs
de mes jours, sans lequel il est impossible que l'on
possède aucune autre vertu, et sans lequel personne n'a jamais su ce que c'est que l'amour du
Père qui est dans les cieux. V. *Tu ne tueras
point.* O Dieu ! préservez-moi, et tous les humains, de tout meurtre direct ou indirect ; pré-
servez moi surtout de contribuer, de la manière
même la plus éloignée, à ces carnages organisés qui
ont souvent lieu publiquement sur la scène du
monde, pour satisfaire l'avarice ou l'ambition de
quelques misérables à la honte de l'espèce humaine.
VI. *Tu ne commettras point d'adultère.* Faites,
SEIGNEUR, qu'ayant toujours sous les yeux votre
sainte et adorable présence, je ne souille jamais
mon être, lequel doit toujours être le temple de
l'innocence et de la pureté au physique, et surtout
au moral, puisque la fornication est avant tout
l'emblème de l'infidélité envers Dieu. Faites-nous
surtout la grâce d'accomplir toujours avec fidélité
tous nos sermens et toutes nos promesses, en particulier ceux qui consacrent le lien sacré du ma-

riage, et sans l'accomplissement desquels aucune famille ne peut être bénie devant Dieu, ainsi que l'expérience le prouve tous les jours. VII. *Tu ne voleras point.* O Dieu ! faites que j'étouffe incessamment, et dès leur naissance, tous les injustes désirs de mon cœur ; que j'aie en horreur toute fraude et toute tromperie, et que je me réjouisse du bien-être de mon prochain autant que du mien. Et si j'ai eu le malheur de faire du tort à qui que ce soit, même dans la moindre des choses, aidez-moi à le réparer jusqu'à la dernière obole, persuadé que même une injustice aussi légère peut nous rendre coupables d'un péché mortel. VIII. *Tu ne rendras point de faux témoignage contre ton prochain.* Faites, ô mon Dieu ! que je garde toujours ma langue contre le mensonge, la médisance et la calomnie, que je me tienne partout dans les bornes de la vérité et de la charité ; ne permettez pas surtout que j'atteste jamais votre saint nom pour soutenir un parjure, par où je prononcerais moi-même sur ma tête la plus terrible des sentences de condamnation. XI. *Tu ne convoiteras pas la femme de ton prochain.* Persuadé que les adultères et les infidélités dans les ménages sont la source de maux innombrables, du meurtre et du désespoir, du suicide et de l'infanticide, je vous conjure, SEIGNEUR, de me rappeler sans cesse à l'esprit cette vérité terrible qu'un regard suffit pour nous rendre adultère à vos yeux; et que, par conséquent, celui qui se le permet sera aussi, tôt ou tard, adultère aux yeux des hommes, se précipitant dans des forfaits qui sont difficilement réparés dans cette vie et dans l'autre. X. *Tu ne convoiteras point la maison de ton prochain, ni son serviteur, ni sa servante, ni son bœuf, ni son âne, ni aucune chose qui soit à son prochain.* Sachant que l'énumération de tous ces êtres et objets physiques n'offre que l'emblème de toutes les transgressions morales possibles envers vous comme envers le prochain, faites-moi la grâce, ô mon Dieu! de vivre en tout d'une manière conforme à tous vos commandemens, et de n'en jamais transgresser un seul de propos délibéré, même dans les plus petites choses, ce qui est réellement plus facile que de subir toutes les inquiétudes du vice, afin que je n'aie point lieu, un jour, de rougir en votre sainte présence quand je serai présenté à votre tribunal de toute justice. . Je demande cette grâce par les mérites infinis de votre incarnation, lorsque, apparaissant au milieu de nous sous la forme humaine, vous avez résumé tous vos commandemens en cette seule loi d'amour: *Tu aimeras le SEIGNEUR ton Dieu de tout ton cœur, de toute ton âme, et de toutes tes forces, et tu aimeras ton prochain comme toi-même. Amen!*

Chaque chrétien devrait se faire un devoir de

réciter tous les jours avec dévotion quelqu'une
de ces prières, et surtout de régler sa conduite
en conséquence. Elles ne sont vraiment pas trop
longues quand on les partage en plusieurs parties,
réservant les unes pour la prière du matin, les
autres pour la prière du soir, d'autres enfin pour
les jours de dimanche. Puisque tant de personnes,
se plaignent aujourd'hui que sans les guerres le
genre humain se multiplierait trop vite, on pourrait
aisément faire une loi qui défendrait à tous les
jeunes gens de s'unir par les liens sacrés du ma-
riage, à moins qu'ils ne sachent écrire, ou du moins
lire, et surtout qu'ils n'aient donné la preuve qu'ils
savent les prières et explications principales de la
religion par cœur, et se sont mis en état de les
enseigner à leurs enfans. Il vaut certes mieux ne
point tirer les hommes du néant, que de n'en faire
que des monstres, et de les estropier incessamment
au physique et au moral, d'une manière à la fois
frappante et serrée. Il est certain que la nature est
combinée avec tant de sagesse, que jamais la popu-
lation ne sortira de la proportion dans laquelle elle
est avec les ressources du sol d'un pays, pourvu que
tout demeure dans l'ordre, et que le commerce ni
l'agriculture ne soient jamais gênés, comme les
gênent malheureusement trop souvent des hommes
d'État à courte vue, qui, sachant à peine gouverner
leur maison, se mêlent de gouverner les Empires.

§. XIX.

Outre toutes ces prières, il serait bon que chaque chrétien lût et méditât quelquefois la Litanie suivante, dans laquelle j'ai fait également entrer les vérités de la morale et les preuves de la religion les plus importantes, comme dans le cadre le plus propre à recevoir tant de matières diverses d'une manière à la fois frappante et serrée.

Litanies philosophiques pour le 19ᵉ siècle.

Dieu incompréhensible, vous qui n'avez point eu de commencement et n'aurez point de fin, qui êtes la puissance, la sagesse et la vie, PÈRE de tous les êtres *ayez pitié de nous! Dieu-homme,* JESUS-CHRIST, Bienfaiteur et Sauveur du genre humain, *Fils de Dieu,* Essence divine rendue visible en faveur de tous les êtres sensibles, *ayez pitié de nous! Dieu sanctificateur,* dont la vertu secrète agit d'une manière ineffable sur l'intime de nos âmes, et les porte au bien, *Esprit de Dieu* vivant et agissant au milieu de nous, *ayez pitié de nous!*

Très-sainte et adorable Trinité, à jamais cachée à la raison humaine, *ayez pitié de nous!*

Être des êtres, personnellement présent en tous lieux, quoique soustrait à nos regards de chair, faites que par le feu secret de votre amour nous méditions avec fruit sur les merveilles de votre création et de votre rédemption ; *Partout nous reconnaissons votre existence, votre action, votre présence et votre providence à laquelle rien n'échappe.*

Par la considération de l'univers matériel dans lequel se remarque tant de sagesse, de bonté, et de prévoyance qu'aucun esprit sincère et exempt de préjugés ne peut les méconnaître; *Nous reconnaissons, ô notre Dieu, votre existence, votre action, votre présence, et votre providence à laquelle rien n'échappe.*

Par l'usage convenable de notre raison, et par l'examen de la formation successive de notre globe; *Nous reconnaissons votre existence,* etc...

O Dieu ! que vos merveilles sont grandes et en grand nombre au ciel, sur la terre et dans les mers; elle prouvent toutes que *rien n'a existé de toute éternité que vous seul; ô Roi de la nature !*

Par l'examen des premiers élémens de la matière, qui ont été évidemment dans ce temps dans une entière dissolution, et n'ont pu être appelés du néant que par une volonté libre et créatrice; *Nous reconnaissons que rien n'a existé de toute éternité que vous seul, ô Roi de la nature !*

Par la composition insensible des montagnes, des rochers, et de toutes les espèces de terres différentes; *Nous reconnaissons,* etc.

Par les fossiles des premiers êtres vivans qui ont habité notre globe ; *Nous reconnaissons, etc.*

O Dieu! l'unité de plan qui se remarque dans toute la création, et qui tend partout au plus grand bonheur de vos créatures, nous montre avec la dernière évidence, que le hasard n'y est pour rien dans tout ce que nous voyons ; mais *que le tout est l'œuvre d'un Créateur dont la puissance, la sagesse et la providence s'étendent à tout.*

Par la division et la partition de la matière première en une infinité de globes habités comme le nôtre, et qui se meuvent avec l'ordre le plus admirable dans l'immensité ; *Nous reconnaissons, Seigneur, que votre puissance, votre sagesse et votre providence s'étendent à tout.*

Par l'admirable position de toutes les planètes par rapport à leurs soleils, *Nous reconnaissons, etc.*

Par la sainte frayeur qui saisit l'homme à la vue de ces univers inombrables, dont néanmoins la moindre partie nous est connue ; *Nous reconnaissons, etc.*

Par l'exactitude avec laquelle ont été calculés des distances et les pesanteurs respectives, ce qui empêche ce grand ensemble de retomber dans son premier chaos ; *Nous reconnaissons, etc.*

Par les lois de l'attraction qui retiennent tant de masses énormes dans leurs orbites, et les empêche, dans leur course rapide, de s'échapper par la tangente sur laquelle la main du Créateur les a primitivement lancés; *Nous reconnaissons*, etc.

Par la force secrète qui meut incessamment tout l'univers matériel, lequel nous est pour ainsi dire plus inconnu que le monde des esprits; *Nous reconnaissons*, etc.

Par la séparation que produit l'océan entre les différentes parties de notre terre, et qui donne le mouvement et la vie à la société humaine tout entière, en créant d'innombrables relations d'individu à individu, et de nation à nation; *Nous reconnaissons*, etc.

Par la nature inconcevable de la lumière; par ces myriades de rayons solaires qui se croisent de tant de manières sans se gêner ni se déranger les uns les autres; par le calcul admirable d'après lequel la lumière et la chaleur sont distribuées dans une égale proportion sur toutes les parties des différens globes; *Nous reconnaissons*, etc.

Par les lois plus inconcevables encore d'après lesquelles les sons agissent sur l'organe de l'ouïe, et transmettent les pensées les plus secrètes d'un homme à l'autre; *Nous reconnaissons*, etc.

Par la structure physique de tant d'individus humains qui ont habité notre globe, et dont jamais un seul n'a parfaitement ressemblé à l'autre; *Nous reconnaissons*, etc.

Par les innombrables espèces d'autres êtres animés qui trouvent avec nous l'existence et la vie sur notre terre; *Nous reconnaissons*, etc.

Par le rapport inexplicable qui existe entre les corps et les âmes, et entre le monde des hommes-chairs et le monde des hommes-esprits; *Nous reconnaissons*, etc.

Par l'examen attentif de la structure et de la diversité des productions du règne végétal, depuis la plus grande jusqu'à la plus petite, depuis le cèdre juspu'au brin d'herbe; *Nous reconnaissons, etc.*

Par l'inspection des instincts variés des animaux, depuis l'insecte jusqu'à l'éléphant, depuis la baleine jusqu'à l'homme; *Nous reconnaissons*, etc.

Par l'échelle progressive qui se remarque dans les degrés de perfection de tous les objets de la nature, depuis le moins parfait jusqu'au plus parfait; *Nous reconnaissons*, etc.

Par les preuves irréfragables de la nouveauté de l'espèce humaine, laquelle est constatée par la nouveauté des sciences et des arts, de l'histoire et des monumens, et par les traditions que nous ont laissées les premiers habitans de la terre; *Nous reconnaissons*, etc.

O Père de la nature, créateur tout puissant, ce n'est qu'avec un sentiment profond de crainte et d'adoration que nous pouvons méditer sur la *majesté* infinie qui reluit dans toutes vos œuvres, sur la *grandeur* du plan de votre création et *la sagesse de l'exécution dans tous les détails*; mais votre *amour* et votre *miséricorde* s'élèvent au-dessus de toutes vos œuvres; *En tout nous reconnaissons votre amour, votre bonté éternelle, et votre paternelle sollicitude pour toutes vos créatures.*

Par la Providence conservatrice qui veille à la félicité de la moindre créature animée comme sur l'ensemble imposant d'un système planétaire; *Nous reconnaissons, Seigneur, votre bonté éternelle et votre paternelle sollicitude pour toutes vos créatures.*

Par la juste appréciation des fins et des moyens dans les trois règnes, concourant partout à un but unique et général, celui de la félicité de tous les êtres sensibles; *Nous reconnaissons, etc.*

Par l'intéressante alternative des saisons qui donnent à tous les peuples le mouvement et la vie, et les crée pour ainsi dire de nouveau à chaque nouvel aspect de l'astre vivifiant de la nature; *Nous reconnaissons, etc.*

Par le don ineffable de la raison accordée à l'homme, au moyen de laquelle il se rend maître de tous les élémens et des plus terribles animaux, et se fait ainsi le roi de la terre; *Nous reconnaissons, etc.*

Par les richesses ineffables qui sont prodiguées dans la structure de notre corps; *Nous reconnaissons, etc.*

Par les cheveux dont notre tête est ornée et en même temps garantie contre les injures des saisons; *Nous reconnaissons*, etc.

Par l'étonnante structure de nos yeux, si bien disposés pour voir et admirer les scènes variées de la création; *Nous reconnaissons*, etc.

Par l'étonnante structure de nos oreilles si propres à nous avertir de tout ce qui se passe autour de nous, et qui nous tiennent en même temps en garde contre nos ennemis et nous transmettent la voix d'un ami; *Nous reconnaissons*, etc.

Par les différens appareils du goût, qui servent également à notre agrément et au choix de la nourriture qui nous est propre; *Nous reconnaissans*, etc.

Par les merveilles de notre langue et de notre bouche, qui servent également à recevoir nos alimens, et à faire part à nos amis de nos pensées et de nos sentimens; *Nous reconnaissons*, etc.

Par le sens inconcevable du toucher répandu si admirablement sur tout notre corps; *Nous reconnaissons*, etc.

Par le mécanisme admirable de nos pieds, de tous nos membres, et surtout de nos mains, par lesquelles la nature entière reçoit une nouvelle forme; *Nous reconnaissons*, etc.

Par les miracles d'intelligence plus étonnans encore qui se remarquent dans la structure intérieure de notre corps, par où déjà dans ce monde nous touchons immédiatement à l'univers des esprits dont nous devons un jour devenir les heureux et éternels habitans; *Nous reconnaissons*, etc.

O Dieu! l'homme aveugle seul, l'homme sourd et muet au moral, seul, peut méconnaître votre amour, votre éternelle bonté et votre paternelle sollicitude pour toutes vos créatures, quand il fait ces réflexions, au milieu de tant d'autres qu'il nous serait facile d'y ajouter. — Partout, Seigneur, où nous portons nos regards, nous ne trouvons que les preuves les plus éclatantes de votre amour et de votre miséricorde infinie, et les motifs les plus pressans *de vous en rendre d'éternelles actions de grâces.*

Parce que nous sommes des êtres libres, et que nous pouvons vous rendre un culte volontaire; *Nous vous rendons, Seigneur, d'éternelles actions de grâces.*

Parce que vos soins pour notre conservation sont continuels; *Nous*, etc.

Parce que notre âme capable de sentir, et notre cœur d'aimer, sont infiniment plus précieux que la nature corporelle tout entière; *Nous*, etc.

Parce que vous nous faites parvenir tous les jours par mille voies différentes tout ce qui est nécessaire à l'entretien de notre vie; *Nous*, etc.

Parce que à l'utile dans la nature vous avez encore ajouté mille choses agréables et capables de flatter tous nos sens; *Nous*, etc.

Parce que les fleurs y sont mêlées aux fruits, que nos yeux et nos oreilles sont alternativement distraits par l'harmonie des couleurs et des sons; *Nous*, etc.

Parce que vous avez préparé des richesses innombrables pour l'habillement et l'ornement de nos corps; *Nous*, *etc*.

Parce que vous avez doué notre âme d'un sentiment exquis pour ce qui est bon, ce qui est vrai, et ce qui est beau; *Nous*, *etc*.

Mais, ô Dieu, que sont encore tous ces bienfaits naturels à côté des trésors infinis dont vous nous avez comblés dans l'ordre de la grâce? Ici nos cœurs comme nos paroles sont frappés d'impuissance, et nous sommes forcés d'appeler à notre aide tout le ciel des esprits parfaits, pour vous rendre les éternelles actions de grâces qui vous sont dues.

Parce qu'en voyant l'homme abuser de sa liberté et se rendre malheureux par son aveuglement et l'oubli de tous ses devoirs, vous avez bien voulu l'instruire vous-même sur sa destinée future; *Nous vous rendons, Seigneur, dans l'union de tous les habitans du ciel, d'éternelles actions de grâces.*

Parce que, pour cet effet, vous avez bien voulu descendre de votre trône éternel; *Nous*, *etc*.

Parce que vous avez bien voulu faire les miracles les plus étonnans, qui surpassent toutes les puis-

sances humaines, et qui ramènent nécessairement
sur la route de la vérité et du bonheur tous ceux
qui ne veulent pas de propos délibéré se précipiter
dans l'abime; *Nous, etc.*

Parce que vous vous êtes soumis volontairement
à un sort plus malheureux que tous vos enfans, ne
reculant pas même devant la mort la plus épouvantable quand il s'est agi d'accomplir toute justice et
de faire éclater votre amour; *Nous, etc.*

Parce que vous n'avez pas voulu laisser périr éternellement une société d'hommes dégradés voulant
obstinément se conduire eux-mêmes, et ne se jetant par-là que dans tous les égaremens et dans
tous les crimes; *Nous, etc.*

Parce que votre miséricorde et votre amour nous
ont fourni abondamment tous les moyens de salut;
Nous, etc.

Parce que le pécheur même le plus criminel peut
encore retrouver votre amitié et vos bonnes grâces,
en se prévalant des avantages de votre rédemption;
Nous, etc.

Parce que votre sagesse a prêché à l'univers un
Évangile qui est de nature à pouvoir pénétrer dans
toutes les parties du monde, pour la conversion et
la félicité de tous les humains; *Nous, etc.*

O Dieu! pardonnez à tous ces aveugles qui ne
veulent point voir que vous êtes le Dieu créateur,
rédempteur et régénérateur; *Pardonnez-leur et
éclairez leur esprit.*

Pardonnez à tous ceux qui ne veulent pas reconnaître que le néant ne peut rien produire, et que vous seul qui existez éternellement avez tout produit : — *Pardonnez-leur, Seigneur, et éclairez leur esprit.*

Pardonnez à ceux qui ne veulent point reconnaître que toutes vos œuvres annoncent la puissance, la sagesse et la bonté; *Pardonnez, etc.*

Pardonnez à ceux qui ne veulent point admirer les lois divines et les calculs divins qui ont déterminé à une minute, et à une seconde près, tous les mouvemens des corps célestes; *Pardonnez, etc.*

Pardonnez à ceux qui ne veulent point se laisser persuader qu'il faut une puissance et une sagesse infinie même pour produire le moindre insecte; *Pardonnez, etc.*

Pardonnez à ceux qui ne veulent point admettre que la structure de leur corps est plus précieuse que celle de tous les globes matériels qui roulent dans les espaces, et que leur âme qui a un but moral, est encore infiniment plus précieuse que tous les corps organisés; *Pardonnez, etc.*

Pardonnez à tous ceux qui refusent de croire qu'un être libre, dépendant du Créateur, ait pu s'éloigner de ses devoirs, et qu'ainsi l'espèce humaine tout entière ait pu se dégrader, quoiqu'une seule page de l'histoire suffise pour prouver que cette dégradation a eu lieu par le fait; *Pardonnez, etc.*

Pardonnez à ceux qui ne peuvent concevoir que des agens libres étaient seuls susceptibles de vertu, de reconnaissance, d'amour et d'adoration, en présence de leur Créateur; *Pardonnez, etc.*

Pardonnez à ceux qui ne veulent comprendre que Dieu lui-même n'a pu faire autrement que de soumettre ses créatures raisonnables à la loi morale et religieuse, et qu'il n'a pu se soustraire personnellement aux suites nécessaires du libre arbitre chez les hommes, et qui a nécessité une révélation extraordinaire aussi-bien qu'une rédemption; *Pardonnez, etc.*

Pardonnez à ceux qui ne veulent point que la vertu soit récompensée, le crime puni dans la vie à venir; *Pardonnez, etc.*

Pardonnez à ceux qui ne veulent point reconnaître que l'orgueil avec lequel les hommes ont voulu s'élever au-dessus de Dieu, a été la source de tous leurs vices et de tous leurs maux; *Pardonnez, etc.*

Pardonnez à ceux qui nient que vous ayez réellement paru sur la terre sous le nom et la forme de JESUS-CHRIST, homme Dieu, pour réhabiliter ainsi le genre humain déchu; *Pardonnez, etc.*

Pardonnez à ceux qui ne veulent point reconnaître dans l'histoire la nécessité indispensable qu'un guide céleste vint mettre les hommes sur un meilleur chemin; *Pardonnez, etc.*

Pardonnez à ceux qui refusent de reconnaître que le christianisme seul est capable de sauver l'univers; *Pardonnez, etc.*

Pardonnez à ceux qui ne peuvent comprendre que l'infinie bonté et l'infinie miséricorde aient seules pu vous porter à vous soumettre à la mort épouvantable de la croix, par où vous avez consommé la rédemption, en donnant à tous les êtres un éclatant exemple de l'amour et de l'obéissance jusqu'à la mort; *Pardonnez, etc.*

Pardonnez à ceux qui n'ont encore pu se convaincre que sans l'incarnation et la rédemption opérée par JÉSUS-CHRIST, nous eussions tous péri éternellement; *Pardonnez, etc.*

O Dieu, pardonnez à tous ces blasphémateurs aveugles qui tournent en dérision le salut que vous êtes venu leur offrir; *Pardonnez, Seigneur, à tous les blasphémateurs.*

Pardonnez à ceux qui tournent en dérision votre bonté et votre amour éternel; *Pardonnez, etc.*

Pardonnez à ceux qui tournent en dérision vos leçons et vos divins exemples; *Pardonnez, etc.*

Pardonnez à ceux qui tournent en dérision vos commandemens et vos miracles; *Pardonnez, etc.*

Pardonnez à ceux qui tournent en dérision votre naissance, vos souffrances et votre mort; *Pardonnez, etc.*

Pardonnez à tous ces forcenés qui blasphèment

votre divinité! *Seigneur, pardonnez à tous ces forcenés qui blasphèment votre divinité!*

O Dieu créateur, rédempteur et régénérateur, nous croyons avec une conviction inébranlable que, par la foi à toutes les vérités contenues dans ces litanies, et par une vie analogue, tous les mortels peuvent et doivent remplir le but de leur destinée et parvenir à la perfection et au bonheur éternel.

Seigneur, soyez avec nous et ayez pitié de nous, fortifiez notre foi et toutes nos bonnes résolutions!

Christ, soyez avec nous et ayez pitié de nous, donnez-nous la force et la persévérance nécessaires dans les voies de l'Évangile!

Esprit de Dieu, soyez avec nous et ayez pitié de nous, éclairez-nous éternellement sur les routes de la perfection et du bonheur!

Trinité trois fois sainte, exaucez-nous par les mystères de l'incarnation et de la rédemption! *Amen!*

Telle est la manière dont j'ai envisagé la philosophie, la politique et la religion, depuis cinquante ans que j'ai fréquenté les hommes de toutes les classes, depuis le monarque sur son trône, jusqu'au paysan sous le chaume, depuis le savant le plus épris de sa science, jusqu'à l'ouvrier le plus simple, depuis le prélat le plus glorieux jusqu'au plus méprisé des mendians, et que j'ai tous connus, mieux peut-être qu'ils ne se sont connus eux-mêmes, pour les avoir tous fréquentés intimement aux époques si variées de ma vie; et aujourd'hui que je marche sur le bord de ma tombe, je n'ai pas lieu de changer de sentiment. Que l'on me permette par conséquent de déclarer que le Plan général que je présente est le seul capable de faire le bonheur du monde; et que de plus il est très-facile dans son exécution. Mais si par malheur les yeux des monarques du 19ᵉ siècle ne s'étaient point encore assez ouverts, pour reconnaître l'indispensable nécessité de la réforme générale tant civile que religieuse que je propose, alors malheur, oui malheur à l'univers pour mille générations!!!!

P. S. Quelques lecteurs pourraient désapprouver mes nombreux travaux à l'étranger, et les détails que mon traducteur a fait entrer dans sa Notice à mon sujet; mais tout homme équitable reconnaîtra que la paix de la France était étroitement liée avec celle de l'Europe. La France était d'ailleurs elle-même fatiguée du despotisme de Napoléon et de ses guerres interminables qui commençaient à dépeupler toutes les familles. Celui qui a pour principal but le bonheur universel, ne saurait satisfaire à toutes les vues particulières. Il en est de l'ensemble de mes travaux comme de mon *Discours contre le projet de loi sur la presse,* en particulier. Plusieurs ne peuvent pas non-plus me pardonner ce Discours, quoique son but n'ait été autre que le bien-être de tous. Quant à ceux qui prétendraient que tout ce que j'ai fait je ne l'ai entrepris directement que pour la Famille royale, et que, par conséquent, le Gouvernement français en lui-même y est étranger, ils devront se rappeler quelles étaient les suites nécessaires et immédiates de mes travaux. Par-là même que j'ai contribué à ramener le bon ordre dans ma patrie, et à faire remonter Louis XVIII sur le trône de France, j'ai aussi contribué à l'existence de cette Charte, que la classe éclairée sait si bien apprécier aujourd'hui. Et, par ces considérations, j'espère pouvoir réunir enfin l'acquiescement de tous les partis.

Tout homme impartial peut voir que, si l'on exécutait ce dernier de mes Plans, tout, en Europe, pourrait encore s'arranger à la satisfaction générale, sans la moindre secousse et sans aucune effusion de sang. Et nous y sommes nous-mêmes intéressés les premiers; car si les Français, avec leur Monarque, ne se tiennent bien sur leurs gardes, les malheurs que tous les hommes clairvoyans redoutent dans les conjonctures critiques dans lesquelles nous nous trouvons, pourraient bien se réaliser; les ennemis de la France pourraient bien en venir enfin à démembrer cette belle monarchie...

FIN.

Paris — Imp. de FÉLIX LOCQUIN, rue N.-D.-des-Victoires, n° 16.

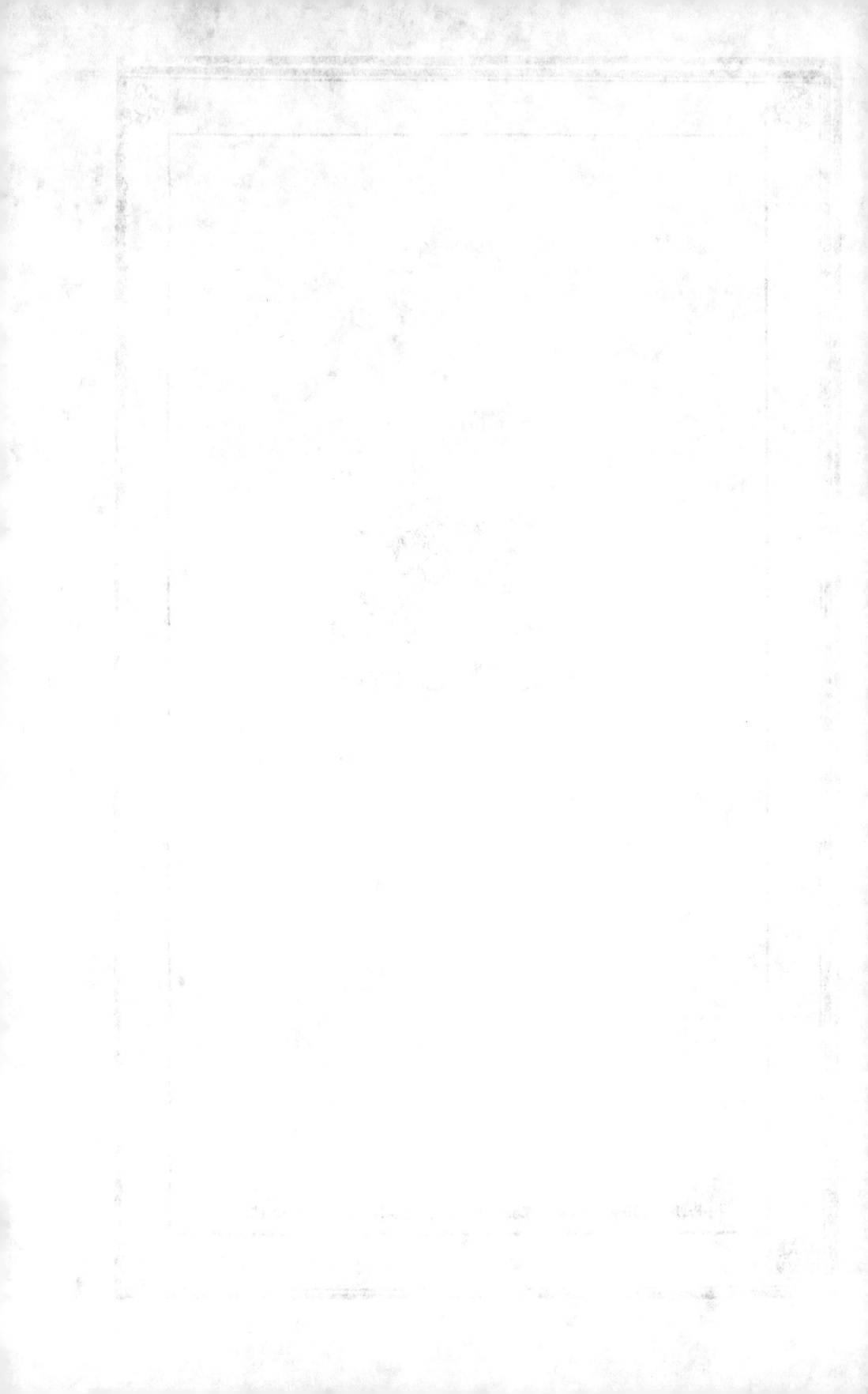

www.ingramcontent.com/pod-product-compliance
Lightning Source LLC
Chambersburg PA
CBHW052221270326

41931CB00011B/2443